Ivan Koesjnir

Economie van Noord-Europa

Serie "Economie in landen"

eerst gepubliceerd: 2021
laatst bijgewerkt: 2021-02-02

Ivan Koesjnir. Economie van Noord-Europa. Serie "Economie in landen". - 2021. - 71 pages.

Dit boek over de economie van Noord-Europa van de jaren 1970 tot de jaren 2010. Brongegevens uit UN Data.

Grootte. In de jaren 2010 was het bruto binnenlands product van Noord-Europa gelijk aan US$4,8 biljoen per jaar; de waarde van de landbouw was US$50,1 miljard; de waarde van de industrie was US$780,4 miljard.

Productiviteit. In de jaren 2010 bedroeg het bruto binnenlands product per hoofd van de bevolking $46.262,2, de waarde van de landbouw per hoofd $487,0, de waarde van de industrie per hoofd $7.584,5. Omdat de productiviteit hoger is dan het gemiddelde, wordt de economie geclassificeerd als hoog ontwikkeld.

Groei. In de jaren 2010 bedroeg de groei van het bruto binnenlands product 2,1%; de groei van de landbouw was 2,0%; de groei van de industrie was 1,7%.

Structuur. In de jaren 2010 omvatte de economie van Noord-Europa: diensten (50,9%), industrie (18,4%), handel (12,7%), vervoer (10,9%), constructie (5,9%) en landbouw (1,2%).

Uitvoer en invoer. In de jaren 2010 was de uitvoer 5,3% hoger dan de invoer, de netto-uitvoer was gelijk aan 2,0% van het BBP.

Consumptie en reproductie. De houding van reproductie ten opzichte van de consumptie is niet beter dan het mondiale gemiddelde, dus het aandeel van het BBP in de wereld zal niet toenemen.

Serie "Economie in landen": parallel.page.link/nl

ISBN: 9798701856392

Inhoud

Part I. Grootte   4

  Hoofdstuk I. Bruto binnenlands product   5

  Hoofdstuk II. Toegevoegde waarde   9

  Hoofdstuk III. Bruto nationaal inkomen   13

Part II. Structuur   17

  Hoofdstuk IV. Landbouw   18

  Hoofdstuk V. Industrie   22

    Hoofdstuk 5.1. Fabricage   26

  Hoofdstuk VI. Constructie   30

  Hoofdstuk VII. Vervoer   34

  Hoofdstuk VIII. Handel   38

  Hoofdstuk IX. Diensten   42

Part III. Externe betrekkingen   46

  Hoofdstuk X. Uitvoer   47

  Hoofdstuk XI. Invoer   51

Part IV. Verbruik   55

  Hoofdstuk XII. Overheidsuitgaven   56

  Hoofdstuk XIII. Huishoudelijke uitgaven   60

  Hoofdstuk XIV. Voedsel consumptie   64

Part V. Reproductie   67

  Hoofdstuk XV. Bruto-investeringen in vaste activa 68

Part I. Grootte

	de jaren 2010
BBP	US$4,8 biljoen
Het aandeel in de wereld	6,1%
Het aandeel in Europa	22,7%

Hoofdstuk I. Bruto binnenlands product

Het bruto binnenlands product van Noord-Europa steeg van US$417,0 miljard per jaar in de jaren 1970 tot US$4,8 biljoen per jaar in de jaren 2010, dat wil zeggen met US$4,3 biljoen of 11,4 keer. De verandering vond plaats op US$3,7 biljoen als gevolg van een 4,5-voudige stijging van de prijzen, en ook op US$537,9 miljard als gevolg van een 2,0-voudige toename van de productiviteit , evenals op US$111,0 miljard als gevolg van de toename van de bevolking. De gemiddelde jaarlijkse groei van het BBP is 2,4%. De minimumwaarde van het bruto binnenlands product bedroeg US$214,9 miljard in 1970. De maximumwaarde van het bruto binnenlands product bedroeg US$5,2 biljoen in 2014.

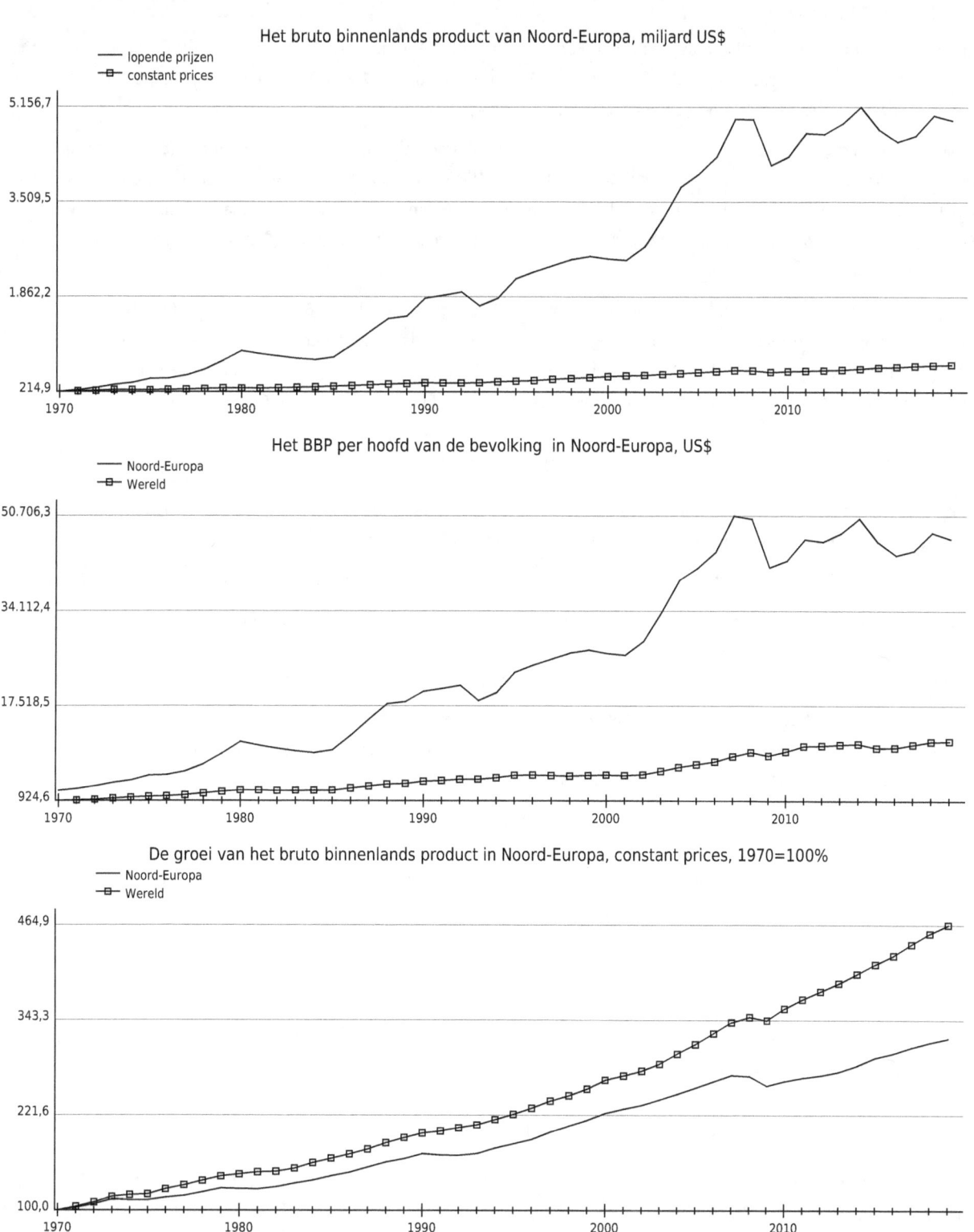

Het bruto binnenlands product van Noord-Europa, miljard US$

Het BBP per hoofd van de bevolking in Noord-Europa, US$

De groei van het bruto binnenlands product in Noord-Europa, constant prices, 1970=100%

de jaren 1970

Het bruto binnenlands product van Noord-Europa bedroeg in de jaren 1970 US$417,0 miljard per jaar, en was vergelijkbaar met Zuid-Europa (US$407,2 miljard). Het aandeel in de wereld was 6,4%, en 15,6% in Europa.

Het BBP van Noord-Europa bestond uit: huishoudelijke uitgaven (60,7%), kapitaalvorming (26,6%) en overheidsuitgaven (20,8%).

Het BBP per hoofd in Noord-Europa was $5.131,0 in de jaren 1970s, en was vergelijkbaar met Oostenrijk (US$5,1 duizend), Bahrein (US$5,2 duizend), Japan (US$5,0 duizend). Het BBP per hoofd in Noord-Europa was in 3,2 keer hoger dan het bruto binnenlands product per hoofd van de bevolking in de wereld ($1.620,8), en was 38,9% hoger dan het bruto binnenlands product per hoofd van de bevolking in Europa ($1.620,8).

De groei van het bruto binnenlands product in Noord-Europa bedroeg 2.8% in de jaren 1970, en was vergelijkbaar met Luxemburg (2,8%), Australazië (2,8%), Oceanië (2,8%). De groei van het BBP in Noord-Europa (2,8%) was minder dan de groei van het BBP in de wereld (4,1%), was minder dan de groei van het BBP in Europa (3,6%).

Vergelijking met subregio's. Het bruto binnenlands product van Noord-Europa was groter dan in Zuid-Europa (US$407,2 miljard); maar minder dan in West-Europa (US$1,1 biljoen) en in Oost-Europa (US$774,0 miljard). Het BBP per hoofd in Noord-Europa was in Noord-Europa groter dan in Zuid-Europa (US$3,1 duizend) en in Oost-Europa (US$2,3 duizend); maar minder dan in West-Europa (US$6,4 duizend). De groei van het BBP in Noord-Europa was minder dan in Oost-Europa (5,3%), in Zuid-Europa (4,1%) en in West-Europa (3,1%).

Leiders. Het BBP van Noord-Europa in de jaren 1970 bestond uit: Verenigd Koninkrijk (56,6%), Zweden (18,0%), Denemarken (9,3%), Noorwegen (7,3%), Finland (6,2%), en andere (2,6%). Het bruto binnenlands product per hoofd in Noord-Europa onder de leiders: Zweden ($9.145,3), Denemarken ($7.733,2), Noorwegen ($7.634,9), Finland ($5.478,2) en Verenigd Koninkrijk ($4.211,9). De groei van het bruto binnenlands product onder de leiders: Noorwegen (4,7%), Finland (3,6%), Verenigd Koninkrijk (2,6%), Denemarken (2,5%) en Zweden (2,0%).

de jaren 1980

Het bruto binnenlands product van Noord-Europa bedroeg in de jaren 1980 US$1,0 biljoen per jaar, en was vergelijkbaar met Zuid-Europa (US$1,0 biljoen). Het aandeel in de wereld was 6,8%, en 19,0% in Europa.

Het BBP van Noord-Europa bestond uit: huishoudelijke uitgaven (60,5%), kapitaalvorming (23,8%) en overheidsuitgaven (21,2%).

Het BBP per hoofd in Noord-Europa was $12.443,0 in de jaren 1980s, en was vergelijkbaar met Duitsland (US$12,7 duizend). Het BBP per hoofd in Noord-Europa was in 4,0 keer hoger dan het bruto binnenlands product per hoofd van de bevolking in de wereld ($3.123,4), en was 76,1% hoger dan het bruto binnenlands product per hoofd van de bevolking in Europa ($3.123,4).

De groei van het BBP in Noord-Europa bedroeg 2.6% in de jaren 1980, en was vergelijkbaar met Ecuador (2,6%), Albanië (2,6%), het Verenigd Koninkrijk (2,6%). De groei van het BBP in Noord-Europa (2,6%) was minder dan de groei van het BBP in de wereld (3,0%), was groter dan de groei van het bruto binnenlands product in Europa (2,5%).

Vergelijking met subregio's. Het bruto binnenlands product van Noord-Europa was groter dan in Zuid-Europa (US$1,0 biljoen); maar minder dan in West-Europa (US$2,3 biljoen) en in Oost-Europa (US$1,1 biljoen). Het BBP per hoofd in Noord-Europa was in Noord-Europa groter dan in Zuid-Europa (US$7,2 duizend) en in Oost-Europa (US$3,0 duizend); maar minder dan in West-Europa (US$13,1 duizend). De groei van het bruto binnenlands product in Noord-Europa was groter dan in Zuid-Europa (2,4%) en in West-Europa (2,1%); maar minder dan in Oost-Europa (3,3%).

Leiders. Het BBP van Noord-Europa in de jaren 1980 bestond uit: Verenigd Koninkrijk (60,7%), Zweden (14,3%), Denemarken (7,8%), Noorwegen (7,4%), Finland (6,9%), en andere (3,0%). Het bruto binnenlands product per hoofd in Noord-Europa onder de leiders: Noorwegen ($18.246,4), Zweden ($17.579,6), Denemarken ($15.647,7), Finland ($14.553,7) en Verenigd Koninkrijk ($11.059,3). De groei van het bruto binnenlands product onder de leiders: Finland (3,6%), Noorwegen (2,8%), Verenigd Koninkrijk (2,6%), Zweden (2,3%) en Denemarken (1,9%).

de jaren 1990

Het BBP van Noord-Europa bedroeg in de jaren 1990 US$2,1 biljoen per jaar, en was vergelijkbaar met Zuid-Europa (US$2,1 biljoen). Het aandeel in de wereld was 7,4%, en 21,6% in Europa.

Het BBP van Noord-Europa bestond uit: huishoudelijke uitgaven (60,5%), kapitaalvorming (20,1%), overheidsuitgaven (19,7%) en netto-uitvoer (1,6%).

Het BBP per hoofd in Noord-Europa was $22.776,0 in de jaren 1990s, en was vergelijkbaar met het Verenigd Koninkrijk (US$22,9 duizend). Het BBP per hoofd in Noord-Europa was in 4,5 keer hoger dan het bruto binnenlands product per hoofd van de bevolking in de wereld ($5.020,1), en was 69,1% hoger dan het bruto binnenlands product per hoofd van de bevolking in Europa ($5.020,1).

De groei van het BBP in Noord-Europa bedroeg 2.6% in de jaren 1990, en was vergelijkbaar met Malawi (2,6%), Spanje (2,6%). De groei van het BBP in Noord-Europa (2,6%) was minder dan de groei van het BBP in de wereld (2,8%), was groter dan de groei van het bruto binnenlands product in Europa (1,4%).

Vergelijking met subregio's. Het BBP van Noord-Europa was groter dan in Oost-Europa (US$784,2 miljard); maar minder dan in West-Europa (US$4,8 biljoen) en in Zuid-Europa (US$2,1 biljoen). Het BBP per hoofd in Noord-Europa was in Noord-Europa groter dan in Zuid-Europa (US$14,7 duizend) en in Oost-Europa (US$2,5 duizend); maar minder dan in West-Europa (US$26,4 duizend). De groei van het bruto binnenlands product in Noord-Europa was groter dan in West-Europa (2,2%), in Zuid-Europa (1,7%) en in Oost-Europa (-3,8%).

Leiders. Het bruto binnenlands product van Noord-Europa in de jaren 1990 bestond uit: Verenigd Koninkrijk (62,8%), Zweden (12,5%), Denemarken (7,7%), Noorwegen (6,7%), Finland (5,8%), en andere (4,5%). Het BBP per hoofd in Noord-Europa onder de leiders: Noorwegen ($32.443,7), Denemarken ($31.208,7), Zweden ($30.028,4), Finland ($24.260,4) en Verenigd Koninkrijk ($22.920,4). De groei van het BBP onder de leiders: Noorwegen (3,6%), Denemarken (2,4%), Verenigd Koninkrijk (2,3%), Finland (1,8%) en Zweden (1,7%).

de jaren 2000

Het bruto binnenlands product van Noord-Europa bedroeg in de jaren 2000 US$3,7 biljoen per jaar. Het aandeel in de wereld was 7,9%, en 24,0% in Europa.

Het BBP van Noord-Europa bestond uit: huishoudelijke uitgaven (58,1%), overheidsuitgaven (20,5%), kapitaalvorming (20,0%) en netto-uitvoer (1,5%).

Het BBP per hoofd in Noord-Europa was $38.500,7 in de jaren 2000s, en was vergelijkbaar met het Verenigd Koninkrijk (US$38,4 duizend), de Verenigde Arabische Emiraten (US$37,8 duizend), Finland (US$37,6 duizend). Het BBP per hoofd in Noord-Europa was in 5,4 keer hoger dan het bruto binnenlands product per hoofd van de bevolking in de wereld ($7.176,3), en was 82,3% hoger dan het bruto binnenlands product per hoofd van de bevolking in Europa ($7.176,3).

De groei van het bruto binnenlands product in Noord-Europa bedroeg 1.9% in de jaren 2000, en was vergelijkbaar met de Verenigde Staten (1,9%). De groei van het BBP in Noord-Europa (1,9%) was minder dan de groei van het BBP in de wereld (3,0%), was groter dan de groei van het BBP in Europa (1,8%).

Vergelijking met subregio's. Het BBP van Noord-Europa was groter dan in Zuid-Europa (US$3,4 biljoen) en in Oost-Europa (US$1,7 biljoen); maar minder dan in West-Europa (US$6,7 biljoen). Het bruto binnenlands product per hoofd in Noord-Europa was in Noord-Europa groter dan in West-Europa (US$35,6 duizend), in Zuid-Europa (US$23,0 duizend) en in Oost-Europa (US$5,5 duizend). De groei van het bruto binnenlands product in Noord-Europa was groter dan in Zuid-Europa (1,5%) en in West-Europa (1,3%); maar minder dan in Oost-Europa (4,7%).

Leiders. Het BBP van Noord-Europa in de jaren 2000 bestond uit: Verenigd Koninkrijk (62,7%), Zweden (10,1%), Noorwegen (7,9%), Denemarken (6,8%), Finland (5,3%), en andere (7,1%). Het BBP per hoofd in Noord-Europa onder de leiders: Noorwegen ($63.373,2), Denemarken ($46.446,9), Zweden ($41.467,1), Verenigd Koninkrijk ($38.399,3) en Finland ($37.629,1). De groei van het BBP onder de leiders: Zweden (2,1%), Finland (2,0%), Noorwegen (1,8%), Verenigd Koninkrijk (1,7%) en Denemarken (0,95%).

de jaren 2010

Het bruto binnenlands product van Noord-Europa bedroeg in de jaren 2010 US$4,8 biljoen per jaar. Het aandeel in de wereld was 6,1%, en 22,7% in Europa.

Het bruto binnenlands product van Noord-Europa bestond uit: huishoudelijke uitgaven (56,6%), overheidsuitgaven (21,0%), kapitaalvorming (20,3%) en netto-uitvoer (2,0%).

Het BBP per hoofd in Noord-Europa was $46.262,2 in de jaren 2010s, en was vergelijkbaar met West-Europa (US$46,0 duizend). Het bruto binnenlands product per hoofd in Noord-Europa was in 4,4 keer hoger dan het bruto binnenlands product per hoofd van de bevolking in de wereld ($10.603,1), en was 64,1% hoger dan het bruto binnenlands product per hoofd van de bevolking in Europa ($10.603,1).

De groei van het bruto binnenlands product in Noord-Europa bedroeg 2.1% in de jaren 2010. De groei van het bruto binnenlands product in Noord-Europa (2,1%) was minder dan de groei van het bruto binnenlands product in de wereld (3,1%), was groter dan de groei van het BBP in Europa (1,6%).

Vergelijking met subregio's. Het BBP van Noord-Europa was 16,5% groter dan in Zuid-Europa (US$4,1 biljoen) en 48,0% groter dan in Oost-Europa (US$3,2 biljoen); maar 46,6% minder dan in West-Europa (US$8,9 biljoen). Het bruto binnenlands product per hoofd in Noord-Europa was in Noord-Europa0,66% groter dan in West-Europa (US$46,0 duizend), 73,2% groter dan in Zuid-Europa (US$26,7 duizend) en 4,2 keer groter dan in Oost-Europa (US$10,9 duizend). De groei van het BBP in Noord-Europa was groter dan in West-Europa (1,7%) en in Zuid-Europa (0,48%); maar minder dan in Oost-Europa (2,3%).

Leiders. Het bruto binnenlands product van Noord-Europa in de jaren 2010 bestond uit: Verenigd Koninkrijk (58,1%), Zweden (11,4%), Noorwegen (9,3%), Denemarken (7,0%), Ierland (6,1%), en andere (8,0%). Het bruto binnenlands product per hoofd in Noord-Europa onder de leiders: Noorwegen ($86.317,0), Ierland ($61.909,2), Denemarken ($58.980,4), Zweden ($55.946,4) en Verenigd Koninkrijk ($42.176,3). De groei van het bruto binnenlands product onder de leiders: Ierland (6,1%), Zweden (2,5%), Denemarken (1,9%), Verenigd Koninkrijk (1,8%) en Noorwegen (1,5%).

Hoofdstuk II. Toegevoegde waarde

De toegevoegde waarde van Noord-Europa steeg van US$404,4 miljard per jaar in de jaren 1970 tot US$4,2 biljoen per jaar in de jaren 2010, dat wil zeggen met US$3,8 biljoen of 10,5 keer. De verandering vond plaats op US$3,2 biljoen als gevolg van een 4,2-voudige stijging van de prijzen, en ook op US$505,7 miljard als gevolg van een 2,0-voudige toename van de productiviteit , evenals op US$107,6 miljard als gevolg van de toename van de bevolking. De gemiddelde jaarlijkse groei van de toegevoegde waarde is 2,3%. De minimumwaarde van de toegevoegde waarde bedroeg US$204,2 miljard in 1970. De maximumwaarde van de toegevoegde waarde bedroeg US$4,6 biljoen in 2014.

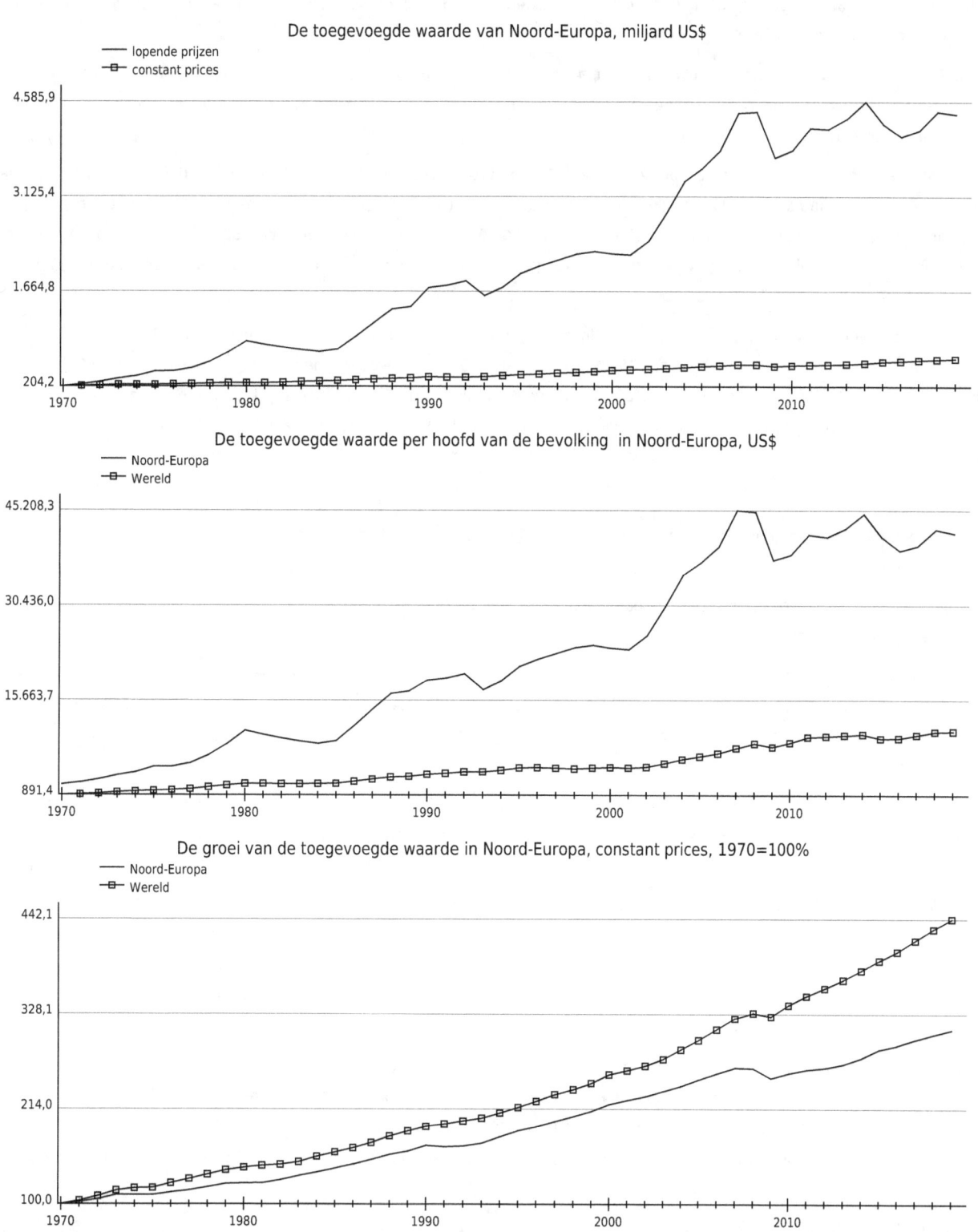

De toegevoegde waarde van Noord-Europa, miljard US$

De toegevoegde waarde per hoofd van de bevolking in Noord-Europa, US$

De groei van de toegevoegde waarde in Noord-Europa, constant prices, 1970=100%

de jaren 1970

De toegevoegde waarde van Noord-Europa bedroeg in de jaren 1970 US$404,4 miljard per jaar. Het aandeel in de wereld was 6,4%, en 15,9% in Europa.

De totale toegevoegde waarde van Noord-Europa bestond uit: diensten (37,2%), industrie (28,0%), handel (13,5%), transport (9,9%), bouw (7,2%) en landbouw (4,1%).

De toegevoegde waarde per hoofd in Noord-Europa was $4.976,2 in de jaren 1970s, en was vergelijkbaar met Finland (US$4,9 duizend), Japan (US$4,9 duizend), Oceanië (US$5,1 duizend). De toegevoegde waarde per hoofd in Noord-Europa was in 3,2 keer hoger dan de toegevoegde waarde per hoofd van de bevolking in de wereld ($1.564,4), en was 41,9% hoger dan de toegevoegde waarde per hoofd van de bevolking in Europa ($1.564,4).

De groei van de toegevoegde waarde in Noord-Europa bedroeg 2.4% in de jaren 1970. De groei van de toegevoegde waarde in Noord-Europa (2,4%) was minder dan de groei van de toegevoegde waarde in de wereld (3,9%), was minder dan de groei van de toegevoegde waarde in Europa (3,4%).

Vergelijking met subregio's. De toegevoegde waarde van Noord-Europa was groter dan in Zuid-Europa (US$382,9 miljard); maar minder dan in West-Europa (US$984,5 miljard) en in Oost-Europa (US$771,7 miljard). De toegevoegde waarde per hoofd in Noord-Europa was in Noord-Europa groter dan in Zuid-Europa (US$2,9 duizend) en in Oost-Europa (US$2,3 duizend); maar minder dan in West-Europa (US$5,8 duizend). De groei van de toegevoegde waarde in Noord-Europa was minder dan in Oost-Europa (5,2%), in Zuid-Europa (3,9%) en in West-Europa (3,1%).

Leiders. De toegevoegde waarde van Noord-Europa in de jaren 1970 bestond uit: Verenigd Koninkrijk (60,7%), Zweden (16,0%), Denemarken (8,5%), Noorwegen (6,6%), Finland (5,7%), en andere (2,5%). De toegevoegde waarde per hoofd in Noord-Europa onder de leiders: Zweden ($7.885,3), Denemarken ($6.806,5), Noorwegen ($6.712,0), Finland ($4.912,8) en Verenigd Koninkrijk ($4.384,8). De groei van de toegevoegde waarde onder de leiders: Noorwegen (4,5%), Finland (3,5%), Zweden (2,5%), Denemarken (2,4%) en Verenigd Koninkrijk (2,0%).

de jaren 1980

De toegevoegde waarde van Noord-Europa bedroeg in de jaren 1980 US$979,9 miljard per jaar. Het aandeel in de wereld was 6,7%, en 19,2% in Europa.

De totale toegevoegde waarde van Noord-Europa bestond uit: diensten (41,5%), industrie (27,1%), handel (13,1%), transport (9,0%), constructie (6,4%) en landbouw (2,9%).

De toegevoegde waarde per hoofd in Noord-Europa was $11.845,1 in de jaren 1980s, en was vergelijkbaar met Groenland (US$11,7 duizend), West-Europa (US$12,0 duizend), Duitsland (US$11,6 duizend). De toegevoegde waarde per hoofd in Noord-Europa was in 3,9 keer hoger dan de toegevoegde waarde per hoofd van de bevolking in de wereld ($3.029,9), en was 78,2% hoger dan de toegevoegde waarde per hoofd van de bevolking in Europa ($3.029,9).

De groei van de toegevoegde waarde in Noord-Europa bedroeg 2.8% in de jaren 1980, en was vergelijkbaar met Zuid-Azië (2,7%), Kameroen (2,7%), Israël (2,8%). De groei van de toegevoegde waarde in Noord-Europa (2,8%) was minder dan de groei van de toegevoegde waarde in de wereld (2,9%), was groter dan de groei van de toegevoegde waarde in Europa (2,6%).

Vergelijking met subregio's. De toegevoegde waarde van Noord-Europa was groter dan in Zuid-Europa (US$952,0 miljard); maar minder dan in West-Europa (US$2,1 biljoen) en in Oost-Europa (US$1,1 biljoen). De toegevoegde waarde per hoofd in Noord-Europa was in Noord-Europa groter dan in Zuid-Europa (US$6,7 duizend) en in Oost-Europa (US$3,0 duizend); maar minder dan in West-Europa (US$12,0 duizend). De groei van de toegevoegde waarde in Noord-Europa was groter dan in Zuid-Europa (2,6%) en in West-Europa (2,1%); maar minder dan in Oost-Europa (3,4%).

Leiders. De toegevoegde waarde van Noord-Europa in de jaren 1980 bestond uit: Verenigd Koninkrijk (63,4%), Zweden (13,5%), Denemarken (7,0%), Noorwegen (6,8%), Finland (6,4%), en andere (2,8%). De toegevoegde waarde per hoofd in Noord-Europa onder de leiders: Noorwegen ($16.076,0), Zweden ($15.836,8), Denemarken ($13.463,5), Finland ($12.753,2) en Verenigd Koninkrijk ($11.007,0). De groei van de toegevoegde waarde onder de leiders: Finland (3,6%), Noorwegen (3,3%), Verenigd Koninkrijk (2,8%), Zweden (2,5%) en Denemarken (1,8%).

de jaren 1990

De toegevoegde waarde van Noord-Europa bedroeg in de jaren 1990 US$1,9 biljoen per jaar, en was vergelijkbaar met Zuid-Europa (US$1,9 biljoen), Duitsland (US$2,0 biljoen). Het aandeel in de wereld was 7,0%, en 21,6% in Europa.

De totale toegevoegde waarde van Noord-Europa bestond uit: diensten (46,0%), industrie (22,9%), handel (13,5%), transport (9,9%), constructie (5,4%) en landbouw (2,2%).

De toegevoegde waarde per hoofd in Noord-Europa was $20.770,7 in de jaren 1990s, en was vergelijkbaar met Groenland (US$20,8 duizend), Finland (US$21,1 duizend), Hongkong (US$21,3 duizend). De toegevoegde waarde per hoofd in Noord-Europa was in 4,3 keer hoger dan de toegevoegde waarde per hoofd van de bevolking in de wereld ($4.799,9), en was 69,3% hoger dan de toegevoegde waarde per hoofd van de bevolking in Europa ($4.799,9).

De groei van de toegevoegde waarde in Noord-Europa bedroeg 2.6% in de jaren 1990, en was vergelijkbaar met Nieuw-Zeeland (2,6%), Marokko (2,6%), Colombia (2,6%). De groei van de toegevoegde waarde in Noord-Europa (2,6%) was minder dan de groei van de toegevoegde waarde in de wereld (2,7%), was groter dan de groei van de toegevoegde waarde in Europa (1,3%).

Vergelijking met subregio's. De toegevoegde waarde van Noord-Europa was groter dan in Oost-Europa (US$726,1 miljard); maar minder dan in West-Europa (US$4,3 biljoen) en in Zuid-Europa (US$1,9 biljoen). De toegevoegde waarde per hoofd in Noord-Europa was in Noord-Europa groter dan in Zuid-Europa (US$13,4 duizend) en in Oost-Europa (US$2,4 duizend); maar minder dan in West-Europa (US$24,0 duizend). De groei van de toegevoegde waarde in Noord-Europa was groter dan in West-Europa (2,1%), in Zuid-Europa (1,4%) en in Oost-Europa (-3,7%).

Leiders. De toegevoegde waarde van Noord-Europa in de jaren 1990 bestond uit: Verenigd Koninkrijk (64,3%), Zweden (11,9%), Denemarken (7,3%), Noorwegen (6,4%), Finland (5,6%), en andere (4,5%). De toegevoegde waarde per hoofd in Noord-Europa onder de leiders: Noorwegen ($28.339,4), Denemarken ($26.949,3), Zweden ($26.205,8), Verenigd Koninkrijk ($21.414,8) en Finland ($21.144,8). De groei van de toegevoegde waarde onder de leiders: Noorwegen (3,6%), Verenigd Koninkrijk (2,4%), Denemarken (2,1%), Finland (1,6%) en Zweden (1,5%).

de jaren 2000

De toegevoegde waarde van Noord-Europa bedroeg in de jaren 2000 US$3,3 biljoen per jaar. Het aandeel in de wereld was 7,5%, en 23,9% in Europa.

De totale toegevoegde waarde van Noord-Europa bestond uit: diensten (48,8%), industrie (20,1%), handel (13,2%), vervoer (10,6%), bouw (6,2%) en landbouw (1,2%).

De toegevoegde waarde per hoofd in Noord-Europa was $34.380,7 in de jaren 2000s, en was vergelijkbaar met Koeweit (US$34,3 duizend), het Verenigd Koninkrijk (US$34,6 duizend), Andorra (US$33,7 duizend). De toegevoegde waarde per hoofd in Noord-Europa was in 5,0 keer hoger dan de toegevoegde waarde per hoofd van de bevolking in de wereld ($6.818,0), en was 81,5% hoger dan de toegevoegde waarde per hoofd van de bevolking in Europa ($6.818,0).

De groei van de toegevoegde waarde in Noord-Europa bedroeg 1.7% in de jaren 2000, en was vergelijkbaar met Papoea-Nieuw-Guinea (1,7%), Europa (1,7%). De groei van de toegevoegde waarde in Noord-Europa (1,7%) was minder dan de groei van de toegevoegde waarde in de wereld (2,9%), was minder dan de groei van de toegevoegde waarde in Europa (1,7%).

Vergelijking met subregio's. De toegevoegde waarde van Noord-Europa was groter dan in Zuid-Europa (US$3,1 biljoen) en in Oost-Europa (US$1,4 biljoen); maar minder dan in West-Europa (US$6,0 biljoen). De toegevoegde waarde per hoofd in Noord-Europa was in Noord-Europa groter dan in West-Europa (US$32,1 duizend), in Zuid-Europa (US$20,7 duizend) en in Oost-Europa (US$4,8 duizend). De groei van de toegevoegde waarde in Noord-Europa was groter dan in Zuid-Europa (1,5%) en in West-Europa (1,2%); maar minder dan in Oost-Europa (4,4%).

Leiders. De toegevoegde waarde van Noord-Europa in de jaren 2000 bestond uit: Verenigd Koninkrijk (63,2%), Zweden (10,0%), Noorwegen (7,9%), Denemarken (6,5%), Finland (5,2%), en andere (7,1%). De toegevoegde waarde per hoofd in Noord-Europa onder de leiders: Noorwegen ($56.416,9), Denemarken ($39.762,7), Zweden ($36.520,7), Verenigd Koninkrijk ($34.611,1) en Finland ($32.961,3). De groei van de toegevoegde waarde onder de leiders: Zweden (1,8%), Verenigd Koninkrijk (1,7%), Finland (1,7%), Noorwegen (1,6%) en Denemarken (0,86%).

de jaren 2010

De toegevoegde waarde van Noord-Europa bedroeg in de jaren 2010 US$4,2 biljoen per jaar. Het aandeel in de wereld was 5,7%, en

22,5% in Europa.

De totale toegevoegde waarde van Noord-Europa bestond uit: diensten (50,9%), industrie (18,4%), handel (12,7%), vervoer (10,9%), constructie (5,9%) en landbouw (1,2%).

De toegevoegde waarde per hoofd in Noord-Europa was $41.159,1 in de jaren 2010s, en was vergelijkbaar met Finland (US$41,2 duizend), West-Europa (US$41,5 duizend), Japan (US$40,7 duizend). De toegevoegde waarde per hoofd in Noord-Europa was in 4,1 keer hoger dan de toegevoegde waarde per hoofd van de bevolking in de wereld ($10.094,6), en was 63,0% hoger dan de toegevoegde waarde per hoofd van de bevolking in Europa ($10.094,6).

De groei van de toegevoegde waarde in Noord-Europa bedroeg 2.1% in de jaren 2010, en was vergelijkbaar met Letland (2,1%), Liechtenstein (2,1%), Koeweit (2,1%). De groei van de toegevoegde waarde in Noord-Europa (2,1%) was minder dan de groei van de toegevoegde waarde in de wereld (3,1%), was groter dan de groei van de toegevoegde waarde in Europa (1,6%).

Vergelijking met subregio's. De toegevoegde waarde van Noord-Europa was 15,5% groter dan in Zuid-Europa (US$3,7 biljoen) en 49,6% groter dan in Oost-Europa (US$2,8 biljoen); maar 47,4% minder dan in West-Europa (US$8,1 biljoen). De toegevoegde waarde per hoofd in Noord-Europa was in Noord-Europa71,6% groter dan in Zuid-Europa (US$24,0 duizend) en 4,3 keer groter dan in Oost-Europa (US$9,6 duizend); maar 0,92% minder dan in West-Europa (US$41,5 duizend). De groei van de toegevoegde waarde in Noord-Europa was groter dan in West-Europa (1,7%) en in Zuid-Europa (0,50%); maar minder dan in Oost-Europa (2,2%).

Leiders. De toegevoegde waarde van Noord-Europa in de jaren 2010 bestond uit: Verenigd Koninkrijk (58,3%), Zweden (11,4%), Noorwegen (9,3%), Denemarken (6,8%), Ierland (6,3%), en andere (7,8%). De toegevoegde waarde per hoofd in Noord-Europa onder de leiders: Noorwegen ($76.351,6), Ierland ($57.280,2), Denemarken ($51.124,5), Zweden ($49.528,6) en Verenigd Koninkrijk ($37.659,6). De groei van de toegevoegde waarde onder de leiders: Ierland (5,7%), Zweden (2,5%), Denemarken (2,0%), Verenigd Koninkrijk (1,8%) en Noorwegen (1,5%).

Hoofdstuk III. Bruto nationaal inkomen

Het bruto nationaal inkomen van Noord-Europa steeg van US$434,8 miljard per jaar in de jaren 1970 tot US$4,7 biljoen per jaar in de jaren 2010, dat wil zeggen met US$4,3 biljoen of 10,8 keer. De verandering vond plaats op US$3,6 biljoen als gevolg van een 4,5-voudige stijging van de prijzen, en ook op US$499,8 miljard als gevolg van een 1,9-voudige toename van de productiviteit , evenals op US$115,7 miljard als gevolg van de toename van de bevolking. De gemiddelde jaarlijkse groei van het BNI is 2,3%. De minimumwaarde van het BNI bedroeg US$224,8 miljard in 1970. De maximumwaarde van het BNI bedroeg US$5,1 biljoen in 2014.

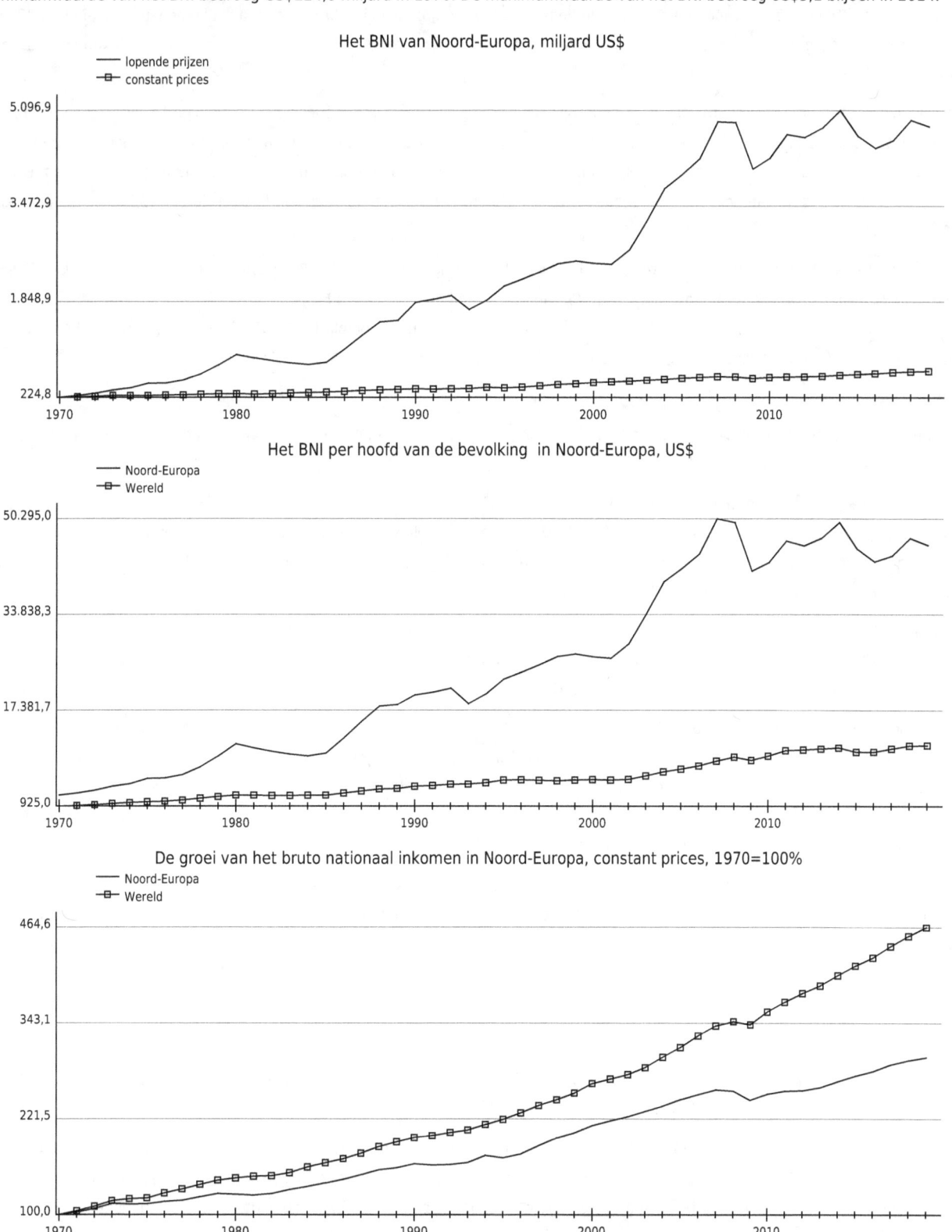

Het BNI van Noord-Europa, miljard US$

Het BNI per hoofd van de bevolking in Noord-Europa, US$

De groei van het bruto nationaal inkomen in Noord-Europa, constant prices, 1970=100%

de jaren 1970

Het BNI van Noord-Europa bedroeg in de jaren 1970 US$434,8 miljard per jaar. Het aandeel in de wereld was 6,6%, en 16,1% in Europa.

Het BNI per hoofd in Noord-Europa was $5.349,9 in de jaren 1970s, en was vergelijkbaar met Oceanië (US$5,3 duizend), Finland (US$5,4 duizend), Nieuw-Caledonië (US$5,4 duizend). Het BNI per hoofd in Noord-Europa was in 3,3 keer hoger dan het bruto nationaal inkomen per hoofd van de bevolking in de wereld ($1.624,3), en was 43,4% hoger dan het bruto nationaal inkomen per hoofd van de bevolking in Europa ($1.624,3).

De groei van het BNI in Noord-Europa bedroeg 2.6% in de jaren 1970. De groei van het bruto nationaal inkomen in Noord-Europa (2,6%) was minder dan de groei van het BNI in de wereld (4,1%), was minder dan de groei van het bruto nationaal inkomen in Europa (3,6%).

Vergelijking met subregio's. Het BNI van Noord-Europa was groter dan in Zuid-Europa (US$409,4 miljard); maar minder dan in West-Europa (US$1,1 biljoen) en in Oost-Europa (US$772,0 miljard). Het bruto nationaal inkomen per hoofd in Noord-Europa was in Noord-Europa groter dan in Zuid-Europa (US$3,1 duizend) en in Oost-Europa (US$2,3 duizend); maar minder dan in West-Europa (US$6,4 duizend). De groei van het bruto nationaal inkomen in Noord-Europa was minder dan in Oost-Europa (5,3%), in Zuid-Europa (4,1%) en in West-Europa (3,1%).

Leiders. Het BNI van Noord-Europa in de jaren 1970 bestond uit: Verenigd Koninkrijk (58,8%), Zweden (17,0%), Denemarken (8,9%), Noorwegen (6,9%), Finland (5,8%), en andere (2,6%). Het BNI per hoofd in Noord-Europa onder de leiders: Zweden ($9.009,5), Denemarken ($7.695,6), Noorwegen ($7.486,2), Finland ($5.403,7) en Verenigd Koninkrijk ($4.563,8). De groei van het BNI onder de leiders: Noorwegen (4,4%), Finland (3,5%), Denemarken (2,6%), Verenigd Koninkrijk (2,5%) en Zweden (2,0%).

de jaren 1980

Het bruto nationaal inkomen van Noord-Europa bedroeg in de jaren 1980 US$1,0 biljoen per jaar. Het aandeel in de wereld was 7,0%, en 19,2% in Europa.

Het bruto nationaal inkomen per hoofd in Noord-Europa was $12.662,5 in de jaren 1980s, en was vergelijkbaar met Duitsland (US$12,8 duizend), Australazië (US$12,9 duizend), Frankrijk (US$13,0 duizend). Het BNI per hoofd in Noord-Europa was in 4,1 keer hoger dan het bruto nationaal inkomen per hoofd van de bevolking in de wereld ($3.117,1), en was 78,2% hoger dan het bruto nationaal inkomen per hoofd van de bevolking in Europa ($3.117,1).

De groei van het bruto nationaal inkomen in Noord-Europa bedroeg 2.3% in de jaren 1980, en was vergelijkbaar met Melanesië (2,3%), Honduras (2,3%), Frankrijk (2,3%). De groei van het BNI in Noord-Europa (2,3%) was minder dan de groei van het BNI in de wereld (3,0%), was minder dan de groei van het BNI in Europa (2,4%).

Vergelijking met subregio's. Het bruto nationaal inkomen van Noord-Europa was groter dan in Zuid-Europa (US$1,0 biljoen); maar minder dan in West-Europa (US$2,3 biljoen) en in Oost-Europa (US$1,1 biljoen). Het bruto nationaal inkomen per hoofd in Noord-Europa was in Noord-Europa groter dan in Zuid-Europa (US$7,2 duizend) en in Oost-Europa (US$3,0 duizend); maar minder dan in West-Europa (US$13,2 duizend). De groei van het bruto nationaal inkomen in Noord-Europa was groter dan in West-Europa (2,2%); maar minder dan in Oost-Europa (3,3%) en in Zuid-Europa (2,4%).

Leiders. Het bruto nationaal inkomen van Noord-Europa in de jaren 1980 bestond uit: Verenigd Koninkrijk (62,3%), Zweden (13,8%), Denemarken (7,4%), Noorwegen (7,1%), Finland (6,7%), en andere (2,8%). Het bruto nationaal inkomen per hoofd in Noord-Europa onder de leiders: Noorwegen ($17.816,2), Zweden ($17.232,7), Denemarken ($15.152,7), Finland ($14.261,5) en Verenigd Koninkrijk ($11.559,5). De groei van het BNI onder de leiders: Finland (3,5%), Noorwegen (2,9%), Zweden (2,3%), Verenigd Koninkrijk (2,2%) en Denemarken (1,6%).

de jaren 1990

Het BNI van Noord-Europa bedroeg in de jaren 1990 US$2,1 biljoen per jaar, en was vergelijkbaar met Zuid-Europa (US$2,1 biljoen). Het aandeel in de wereld was 7,4%, en 21,5% in Europa.

Het BNI per hoofd in Noord-Europa was $22.598,9 in de jaren 1990s, en was vergelijkbaar met het Verenigd Koninkrijk (US$23,0 duizend), Hongkong (US$22,1 duizend). Het bruto nationaal inkomen per hoofd in Noord-Europa was in 4,5 keer hoger dan het bruto nationaal inkomen per hoofd van de bevolking in de wereld ($4.991,4), en was 68,2% hoger dan het bruto nationaal inkomen per hoofd van de bevolking in Europa ($4.991,4).

De groei van het bruto nationaal inkomen in Noord-Europa bedroeg 2.5% in de jaren 1990, en was vergelijkbaar met IJsland (2,5%), Oostenrijk (2,5%), Kenia (2,5%). De groei van het BNI in Noord-Europa (2,5%) was minder dan de groei van het BNI in de wereld (2,8%), was groter dan de groei van het BNI in Europa (1,3%).

Vergelijking met subregio's. Het BNI van Noord-Europa was groter dan in Oost-Europa (US$767,1 miljard); maar minder dan in West-Europa (US$4,8 biljoen) en in Zuid-Europa (US$2,1 biljoen). Het bruto nationaal inkomen per hoofd in Noord-Europa was in Noord-Europa groter dan in Zuid-Europa (US$14,6 duizend) en in Oost-Europa (US$2,5 duizend); maar minder dan in West-Europa (US$26,5 duizend). De groei van het bruto nationaal inkomen in Noord-Europa was groter dan in West-Europa (2,1%), in Zuid-Europa (1,7%) en in Oost-Europa (-4,0%).

Leiders. Het BNI van Noord-Europa in de jaren 1990 bestond uit: Verenigd Koninkrijk (63,6%), Zweden (12,2%), Denemarken (7,6%), Noorwegen (6,6%), Finland (5,7%), en andere (4,3%). Het bruto nationaal inkomen per hoofd in Noord-Europa onder de leiders: Noorwegen ($31.915,5), Denemarken ($30.519,9), Zweden ($29.190,1), Finland ($23.548,2) en Verenigd Koninkrijk ($23.037,3). De groei van het bruto nationaal inkomen onder de leiders: Noorwegen (3,7%), Denemarken (2,7%), Verenigd Koninkrijk (2,0%), Finland (2,0%) en Zweden (1,9%).

de jaren 2000

Het bruto nationaal inkomen van Noord-Europa bedroeg in de jaren 2000 US$3,7 biljoen per jaar. Het aandeel in de wereld was 7,9%, en 24,0% in Europa.

Het bruto nationaal inkomen per hoofd in Noord-Europa was $38.358,0 in de jaren 2000s, en was vergelijkbaar met de Verenigde Arabische Emiraten (US$38,5 duizend), het Verenigd Koninkrijk (US$38,5 duizend), de Britse Maagdeneilanden (US$38,7 duizend). Het BNI per hoofd in Noord-Europa was in 5,4 keer hoger dan het bruto nationaal inkomen per hoofd van de bevolking in de wereld ($7.165,2), en was 82,0% hoger dan het bruto nationaal inkomen per hoofd van de bevolking in Europa ($7.165,2).

De groei van het BNI in Noord-Europa bedroeg 1.9% in de jaren 2000, en was vergelijkbaar met Kiribati (1,9%). De groei van het bruto nationaal inkomen in Noord-Europa (1,9%) was minder dan de groei van het bruto nationaal inkomen in de wereld (3,0%), was groter dan de groei van het bruto nationaal inkomen in Europa (1,8%).

Vergelijking met subregio's. Het bruto nationaal inkomen van Noord-Europa was groter dan in Zuid-Europa (US$3,4 biljoen) en in Oost-Europa (US$1,6 biljoen); maar minder dan in West-Europa (US$6,7 biljoen). Het bruto nationaal inkomen per hoofd in Noord-Europa was in Noord-Europa groter dan in West-Europa (US$35,9 duizend), in Zuid-Europa (US$22,8 duizend) en in Oost-Europa (US$5,4 duizend). De groei van het BNI in Noord-Europa was groter dan in Zuid-Europa (1,4%) en in West-Europa (1,3%); maar minder dan in Oost-Europa (4,7%).

Leiders. Het BNI van Noord-Europa in de jaren 2000 bestond uit: Verenigd Koninkrijk (63,1%), Zweden (10,4%), Noorwegen (8,0%), Denemarken (6,8%), Finland (5,4%), en andere (6,4%). Het BNI per hoofd in Noord-Europa onder de leiders: Noorwegen ($63.440,0), Denemarken ($46.525,7), Zweden ($42.219,0), Verenigd Koninkrijk ($38.514,5) en Finland ($37.765,3). De groei van het BNI onder de leiders: Zweden (2,3%), Finland (2,2%), Noorwegen (2,0%), Verenigd Koninkrijk (1,7%) en Denemarken (1,2%).

de jaren 2010

Het BNI van Noord-Europa bedroeg in de jaren 2010 US$4,7 biljoen per jaar. Het aandeel in de wereld was 6,0%, en 22,4% in Europa.

Het BNI per hoofd in Noord-Europa was $45.634,2 in de jaren 2010s, en was vergelijkbaar met België (US$45,7 duizend), Duitsland (US$45,8 duizend), San Marino (US$45,0 duizend). Het BNI per hoofd in Noord-Europa was in 4,3 keer hoger dan het bruto nationaal inkomen per hoofd van de bevolking in de wereld ($10.611,7), en was 62,2% hoger dan het bruto nationaal inkomen per hoofd van de bevolking in Europa ($10.611,7).

De groei van het BNI in Noord-Europa bedroeg 2% in de jaren 2010, en was vergelijkbaar met de Kaaimaneilanden (2,0%). De groei van het bruto nationaal inkomen in Noord-Europa (2,0%) was minder dan de groei van het BNI in de wereld (3,1%), was groter dan de groei van het bruto nationaal inkomen in Europa (1,6%).

Vergelijking met subregio's. Het BNI van Noord-Europa was 15,3% groter dan in Zuid-Europa (US$4,1 biljoen) en 50,6% groter dan in Oost-Europa (US$3,1 biljoen); maar 48,1% minder dan in West-Europa (US$9,1 biljoen). Het bruto nationaal inkomen per hoofd in Noord-Europa was in Noord-Europa71,4% groter dan in Zuid-Europa (US$26,6 duizend) en 4,3 keer groter dan in Oost-Europa (US$10,6 duizend); maar 2,3% minder dan in West-Europa (US$46,7 duizend). De groei van het BNI in Noord-Europa was groter dan in

West-Europa (1,7%) en in Zuid-Europa (0,61%); maar minder dan in Oost-Europa (2,4%).

Leiders. Het BNI van Noord-Europa in de jaren 2010 bestond uit: Verenigd Koninkrijk (58,1%), Zweden (11,8%), Noorwegen (9,7%), Denemarken (7,3%), Finland (5,6%), en andere (7,5%). Het BNI per hoofd in Noord-Europa onder de leiders: Noorwegen ($88.774,1), Denemarken ($60.534,3), Zweden ($57.002,7), Finland ($47.955,1) en Verenigd Koninkrijk ($41.587,9). De groei van het bruto nationaal inkomen onder de leiders: Zweden (2,5%), Denemarken (2,1%), Noorwegen (1,9%), Verenigd Koninkrijk (1,7%) en Finland (1,1%).

Part II. Structuur

	de jaren 2010
landbouw	1,2%
industrie	18,4%
constructie	5,9%
handel	12,7%
vervoer	10,9%
diensten	50,9%

Hoofdstuk IV. Landbouw

Landbouw, jacht, bosbouw, vissen (ISIC A-B)

De sector van de landbouw in Noord-Europa steeg van US$16,6 miljard per jaar in de jaren 1970 tot US$50,1 miljard per jaar in de jaren 2010, dat wil zeggen met US$33,5 miljard of 3,0 keer. De verandering vond plaats op US$20,5 miljard als gevolg van een 1,7-voudige stijging van de prijzen, en ook op US$8,5 miljard als gevolg van een 1,4-voudige toename van de productiviteit , evenals op US$4,4 miljard als gevolg van de toename van de bevolking. De gemiddelde jaarlijkse groei van de landbouw is 1,5%. De minimumwaarde van de landbouw bedroeg US$8,8 miljard in 1970. De maximumwaarde van de landbouw bedroeg US$58,0 miljard in 2014.

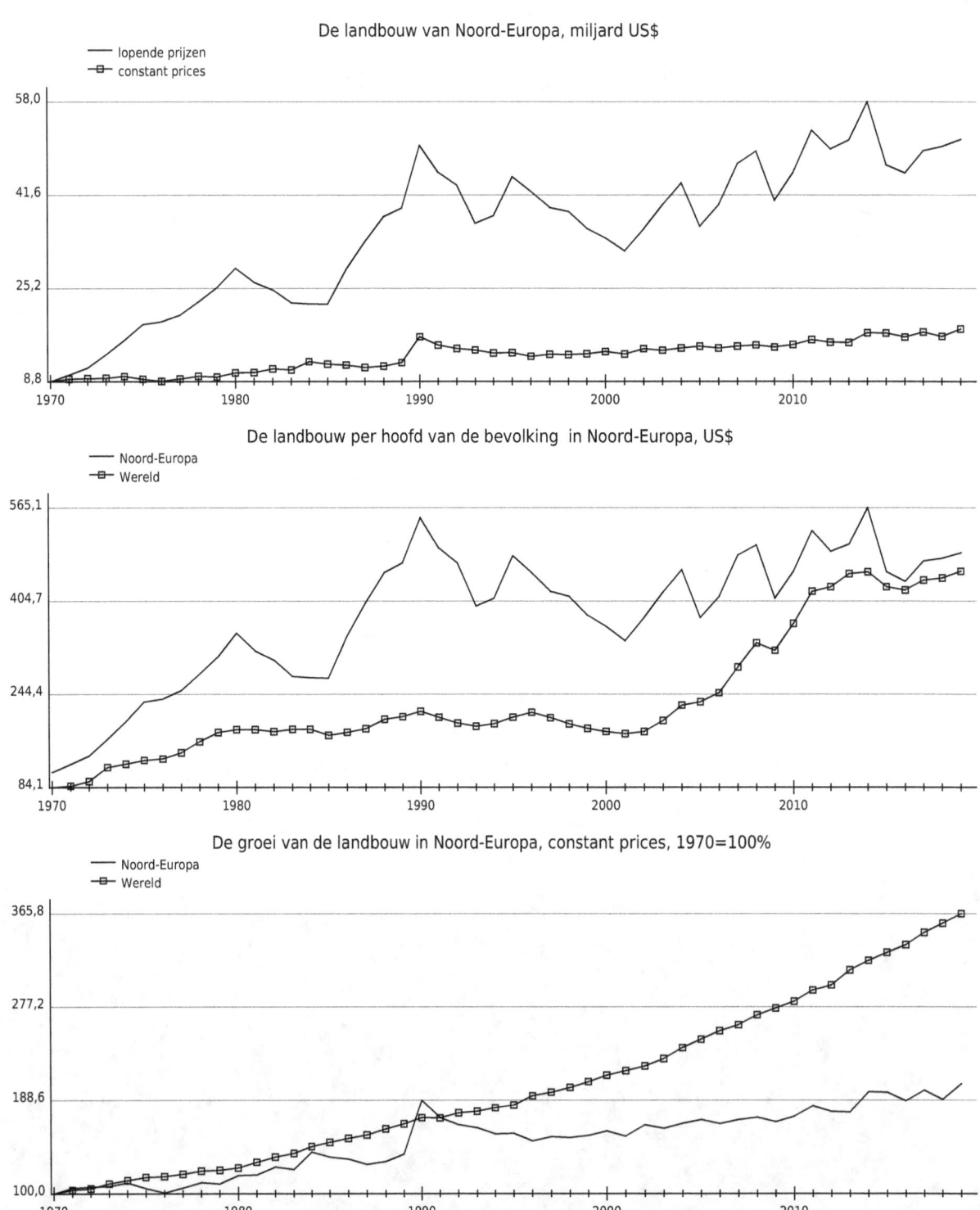

De landbouw van Noord-Europa, miljard US$

De landbouw per hoofd van de bevolking in Noord-Europa, US$

De groei van de landbouw in Noord-Europa, constant prices, 1970=100%

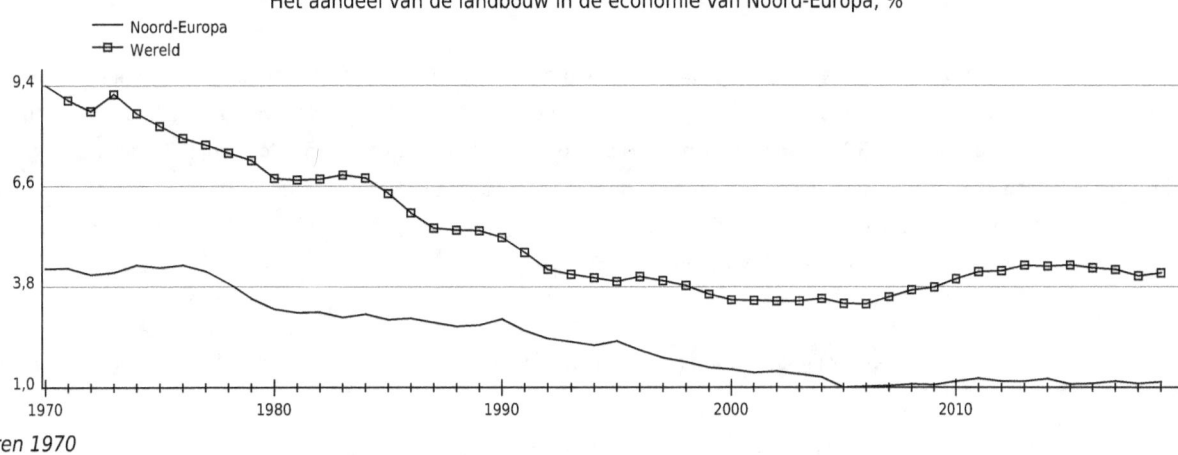

Het aandeel van de landbouw in de economie van Noord-Europa, %

de jaren 1970

De landbouw van Noord-Europa bedroeg in de jaren 1970 US$16,6 miljard per jaar, en was vergelijkbaar met Frankrijk (US$16,6 miljard). Het aandeel in de wereld was 3,2%, en 8,6% in Europa.

Het aandeel van de landbouw in de economie van Noord-Europa was 4,1% in de jaren 1970.

De sector van de landbouw per hoofd in Noord-Europa was $204,9 in de jaren 1970s, en was vergelijkbaar met Noord-Amerika (US$205,3), Ghana (US$203,7), Zuidwest-Azië (US$207,7). De sector van de landbouw per hoofd in Noord-Europa was 60,5% hoger dan de landbouw per hoofd van de bevolking in de wereld ($127,6), en was 23,6% lager dan de landbouw per hoofd van de bevolking in Europa ($127,6).

De groei van de landbouw in Noord-Europa bedroeg 1% in de jaren 1970. De groei van de landbouw in Noord-Europa (0,98%) was minder dan de groei van de landbouw in de wereld (2,2%), was minder dan de groei van de landbouw in Europa (3,3%).

Vergelijking met subregio's. De sector van de landbouw in Noord-Europa was minder dan in Oost-Europa (US$104,6 miljard), in West-Europa (US$37,7 miljard) en in Zuid-Europa (US$35,6 miljard). De landbouw per hoofd in Noord-Europa was in Noord-Europa minder dan in Oost-Europa (US$306,3), in Zuid-Europa (US$268,5) en in West-Europa (US$222,0). De groei van de landbouw in Noord-Europa was minder dan in Oost-Europa (6,4%), in West-Europa (2,2%) en in Zuid-Europa (1,3%).

Leiders. De landbouw van Noord-Europa in de jaren 1970 bestond uit: Verenigd Koninkrijk (29,5%), Zweden (28,9%), Finland (14,1%), Denemarken (10,7%), Ierland (8,1%), en andere (8,8%). Het aandeel van de landbouw in economie van de leiders: Ierland (15,5%), Finland (10,1%), Zweden (7,4%), Denemarken (5,2%) en Verenigd Koninkrijk (2,0%). De waarde van de landbouw per hoofd in Noord-Europa onder de leiders: Zweden ($587,0), Finland ($497,9), Ierland ($432,3), Denemarken ($353,3) en Verenigd Koninkrijk ($87,6). De groei van de landbouw onder de leiders: Denemarken (3,5%), Ierland (1,6%), Verenigd Koninkrijk (1,6%), Finland (0,31%) en Zweden (-0,78%).

de jaren 1980

De sector van de landbouw in Noord-Europa bedroeg in de jaren 1980 US$28,7 miljard per jaar. Het aandeel in de wereld was 3,2%, en 9,7% in Europa.

Het aandeel van de landbouw in de economie van Noord-Europa was 2,9% in de jaren 1980, en was vergelijkbaar met Amerika (2,9%).

De landbouw per hoofd in Noord-Europa was $346,5 in de jaren 1980s, en was vergelijkbaar met Ecuador (US$344,6), Polynesië (US$344,6), Gambia (US$343,1). De sector van de landbouw per hoofd in Noord-Europa was 85,7% hoger dan de landbouw per hoofd van de bevolking in de wereld ($186,6), en was 10,3% lager dan de landbouw per hoofd van de bevolking in Europa ($186,6).

De groei van de landbouw in Noord-Europa bedroeg 2.3% in de jaren 1980, en was vergelijkbaar met Panama (2,3%). De groei van de landbouw in Noord-Europa (2,3%) was minder dan de groei van de landbouw in de wereld (3,1%), was groter dan de groei van de landbouw in Europa (2,1%).

Vergelijking met subregio's. De waarde van de landbouw in Noord-Europa was minder dan in Oost-Europa (US$151,9 miljard), in Zuid-Europa (US$59,0 miljard) en in West-Europa (US$57,0 miljard). De sector van de landbouw per hoofd in Noord-Europa was in Noord-Europa groter dan in West-Europa (US$328,8); maar minder dan in Zuid-Europa (US$417,5) en in Oost-Europa (US$410,3). De groei van de landbouw in Noord-Europa was groter dan in West-Europa (1,9%) en in Zuid-Europa (1,7%); maar minder dan in Oost-Europa (2,4%).

Leiders. De toegevoegde waarde van de landbouw in Noord-Europa in de jaren 1980 bestond uit: Verenigd Koninkrijk (31,5%), Zweden (23,9%), Finland (16,0%), Denemarken (10,8%), Noorwegen (8,4%), en andere (9,5%). Het aandeel van de landbouw in economie van de leiders: Finland (7,3%), Zweden (5,2%), Denemarken (4,5%), Noorwegen (3,6%) en Verenigd Koninkrijk (1,5%). De toegevoegde waarde van de landbouw per hoofd in Noord-Europa onder de leiders: Finland ($936,3), Zweden ($816,8), Denemarken ($605,5), Noorwegen ($577,8) en Verenigd Koninkrijk ($159,8). De groei van de landbouw onder de leiders: Denemarken (3,4%), Verenigd Koninkrijk (3,3%), Zweden (1,8%), Noorwegen (1,3%) en Finland (-0,48%).

de jaren 1990

De toegevoegde waarde van de landbouw in Noord-Europa bedroeg in de jaren 1990 US$41,5 miljard per jaar. Het aandeel in de wereld was 3,6%, en 14,9% in Europa.

Het aandeel van de landbouw in de economie van Noord-Europa was 2,2% in de jaren 1990.

De toegevoegde waarde van de landbouw per hoofd in Noord-Europa was $446,7 in de jaren 1990s, en was vergelijkbaar met Saoedi-Arabië (US$447,6), de Verenigde Arabische Emiraten (US$440,8), Turkije (US$453,8). De landbouw per hoofd in Noord-Europa was in 2,2 keer hoger dan de landbouw per hoofd van de bevolking in de wereld ($199,8), en was 16,9% hoger dan de landbouw per hoofd van de bevolking in Europa ($199,8).

De groei van de landbouw in Noord-Europa bedroeg 1.2% in de jaren 1990. De groei van de landbouw in Noord-Europa (1,2%) was minder dan de groei van de landbouw in de wereld (2,2%), was groter dan de groei van de landbouw in Europa (-1,6%).

Vergelijking met subregio's. De toegevoegde waarde van de landbouw in Noord-Europa was minder dan in Zuid-Europa (US$83,7 miljard), in West-Europa (US$82,7 miljard) en in Oost-Europa (US$69,9 miljard). De sector van de landbouw per hoofd in Noord-Europa was in Noord-Europa groter dan in Oost-Europa (US$226,3); maar minder dan in Zuid-Europa (US$580,9) en in West-Europa (US$457,0). De groei van de landbouw in Noord-Europa was groter dan in West-Europa (0,28%) en in Oost-Europa (-6,4%); maar minder dan in Zuid-Europa (1,5%).

Leiders. De waarde van de landbouw in Noord-Europa in de jaren 1990 bestond uit: Verenigd Koninkrijk (36,5%), Zweden (17,9%), Finland (11,7%), Denemarken (10,4%), Noorwegen (8,4%), en andere (15,0%). Het aandeel van de landbouw in economie van de leiders: Finland (4,5%), Zweden (3,2%), Denemarken (3,1%), Noorwegen (2,8%) en Verenigd Koninkrijk (1,2%). De landbouw per hoofd in Noord-Europa onder de leiders: Finland ($953,8), Zweden ($845,9), Denemarken ($828,4), Noorwegen ($797,4) en Verenigd Koninkrijk ($261,8). De groei van de landbouw onder de leiders: Denemarken (4,4%), Noorwegen (3,3%), Verenigd Koninkrijk (0,66%), Finland (0,029%) en Zweden (-1,2%).

de jaren 2000

De sector van de landbouw in Noord-Europa bedroeg in de jaren 2000 US$39,8 miljard per jaar, en was vergelijkbaar met Turkije (US$39,1 miljard). Het aandeel in de wereld was 2,5%, en 14,1% in Europa.

Het aandeel van de landbouw in de economie van Noord-Europa was 1,2% in de jaren 2000.

De waarde van de landbouw per hoofd in Noord-Europa was $413,8 in de jaren 2000s, en was vergelijkbaar met Kroatië (US$414,3), de Verenigde Staten (US$416,9), Argentinië (US$409,8). De toegevoegde waarde van de landbouw per hoofd in Noord-Europa was 72,2% hoger dan de landbouw per hoofd van de bevolking in de wereld ($240,3), en was 6,9% hoger dan de landbouw per hoofd van de bevolking in Europa ($240,3).

De groei van de landbouw in Noord-Europa bedroeg 0.8% in de jaren 2000. De groei van de landbouw in Noord-Europa (0,82%) was minder dan de groei van de landbouw in de wereld (3,0%), was minder dan de groei van de landbouw in Europa (1,2%).

Vergelijking met subregio's. De sector van de landbouw in Noord-Europa was minder dan in Zuid-Europa (US$89,8 miljard), in West-Europa (US$82,2 miljard) en in Oost-Europa (US$71,1 miljard). De waarde van de landbouw per hoofd in Noord-Europa was in Noord-Europa groter dan in Oost-Europa (US$238,1); maar minder dan in Zuid-Europa (US$602,9) en in West-Europa (US$439,0). De groei van de landbouw in Noord-Europa was groter dan in Zuid-Europa (-0,100%); maar minder dan in Oost-Europa (2,9%) en in West-Europa (1,1%).

Leiders. De waarde van de landbouw in Noord-Europa in de jaren 2000 bestond uit: Verenigd Koninkrijk (41,3%), Zweden (15,3%), Finland (11,8%), Noorwegen (10,0%), Denemarken (8,5%), en andere (13,0%). Het aandeel van de landbouw in economie van de leiders: Finland (2,7%), Zweden (1,8%), Denemarken (1,6%), Noorwegen (1,5%) en Verenigd Koninkrijk (0,79%). De landbouw per hoofd in Noord-Europa onder de leiders: Finland ($896,5), Noorwegen ($861,0), Zweden ($674,4), Denemarken ($626,1) en Verenigd Koninkrijk ($271,9). De groei van de landbouw onder de leiders: Noorwegen (3,1%), Zweden (2,8%), Finland (2,2%), Verenigd Koninkrijk (-0,099%) en Denemarken (-1,9%).

de jaren 2010

De waarde van de landbouw in Noord-Europa bedroeg in de jaren 2010 US$50,1 miljard per jaar. Het aandeel in de wereld was 1,6%, en 13,7% in Europa.

Het aandeel van de landbouw in de economie van Noord-Europa was 1,2% in de jaren 2010.

De sector van de landbouw per hoofd in Noord-Europa was $487,0 in de jaren 2010s, en was vergelijkbaar met Algerije (US$486,2), Noord-Macedonië (US$486,1), Indonesië (US$483,6). De landbouw per hoofd in Noord-Europa was 12,7% hoger dan de landbouw per hoofd van de bevolking in de wereld ($432,1), en was 0,96% lager dan de landbouw per hoofd van de bevolking in Europa ($432,1).

De groei van de landbouw in Noord-Europa bedroeg 2% in de jaren 2010, en was vergelijkbaar met Maleisië (2,0%), Kazachstan (2,0%), Marokko (2,0%). De groei van de landbouw in Noord-Europa (2,0%) was minder dan de groei van de landbouw in de wereld (2,9%), was groter dan de groei van de landbouw in Europa (0,73%).

Vergelijking met subregio's. De sector van de landbouw in Noord-Europa was 2,3 keer minder dan in Oost-Europa (US$116,4 miljard), 49,8% minder dan in Zuid-Europa (US$99,7 miljard) en 49,7% minder dan in West-Europa (US$99,6 miljard). De toegevoegde waarde van de landbouw per hoofd in Noord-Europa was in Noord-Europa23,1% groter dan in Oost-Europa (US$395,6); maar 25,3% minder dan in Zuid-Europa (US$652,0) en 5,2% minder dan in West-Europa (US$513,5). De groei van de landbouw in Noord-Europa was groter dan in Oost-Europa (1,2%), in Zuid-Europa (0,93%) en in West-Europa (-0,65%).

Leiders. De toegevoegde waarde van de landbouw in Noord-Europa in de jaren 2010 bestond uit: Verenigd Koninkrijk (34,9%), Zweden (16,2%), Noorwegen (14,1%), Finland (12,2%), Denemarken (8,3%), en andere (14,3%). Het aandeel van de landbouw in economie van de leiders: Finland (2,7%), Noorwegen (1,8%), Zweden (1,7%), Denemarken (1,4%) en Verenigd Koninkrijk (0,71%). De toegevoegde waarde van de landbouw per hoofd in Noord-Europa onder de leiders: Noorwegen ($1.372,5), Finland ($1.116,4), Zweden ($834,8), Denemarken ($736,1) en Verenigd Koninkrijk ($266,4). De groei van de landbouw onder de leiders: Denemarken (3,6%), Verenigd Koninkrijk (1,8%), Noorwegen (1,6%), Finland (1,3%) en Zweden (1,1%).

Hoofdstuk V. Industrie

Mijnbouw, productie, nutsbedrijven (ISIC C-E)

De industrie van Noord-Europa steeg van US$113,4 miljard per jaar in de jaren 1970 tot US$780,4 miljard per jaar in de jaren 2010, dat wil zeggen met US$667,0 miljard of 6,9 keer. De verandering vond plaats op US$564,2 miljard als gevolg van een 3,6-voudige stijging van de prijzen, en ook op US$72,6 miljard als gevolg van een 1,5-voudige toename van de productiviteit , evenals op US$30,2 miljard als gevolg van de toename van de bevolking. De gemiddelde jaarlijkse groei van de industrie is 1,7%. De minimumwaarde van de industrie bedroeg US$60,9 miljard in 1970. De maximumwaarde van de industrie bedroeg US$880,7 miljard in 2008.

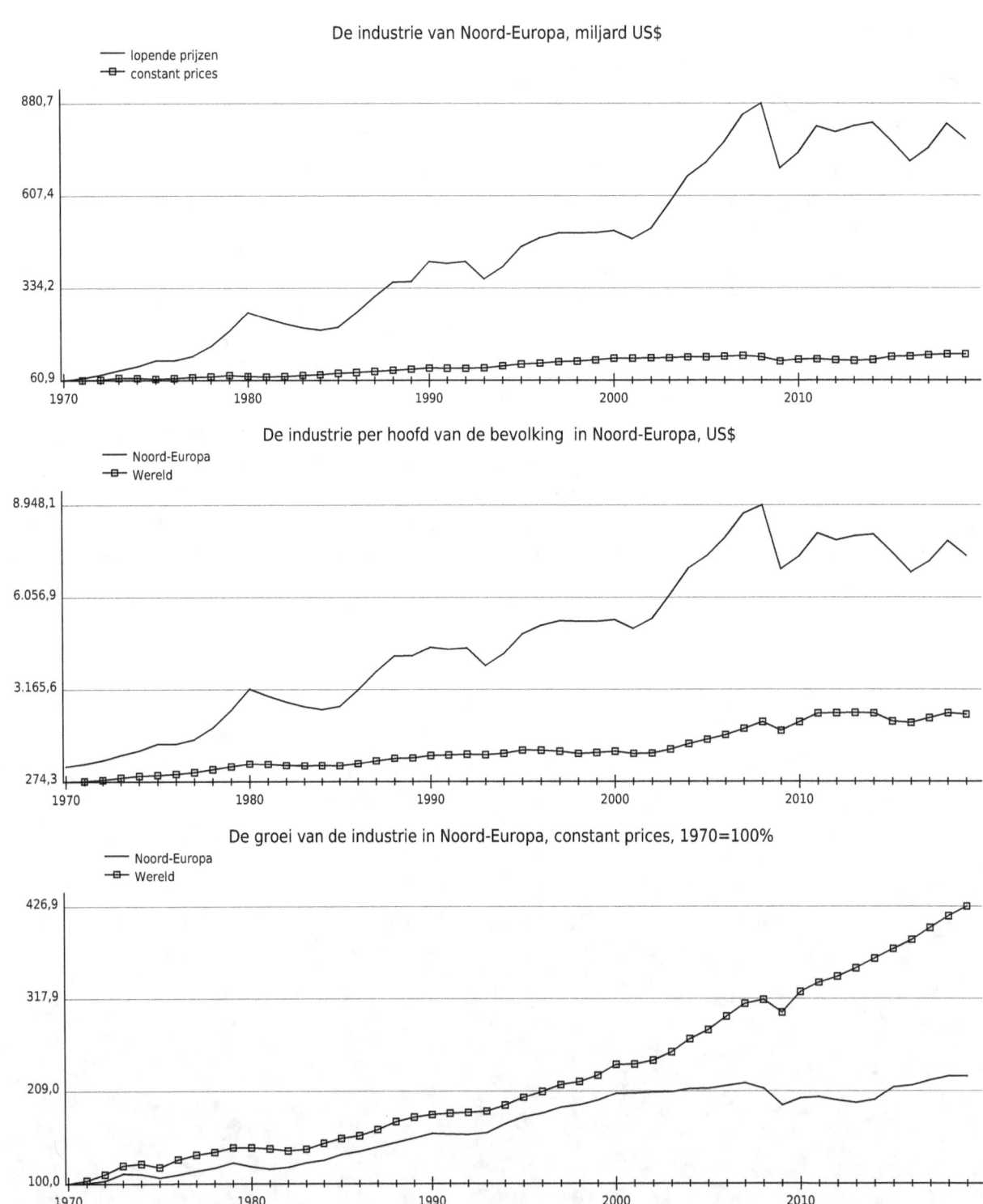

De industrie van Noord-Europa, miljard US$

— lopende prijzen
—▫— constant prices

De industrie per hoofd van de bevolking in Noord-Europa, US$

— Noord-Europa
—▫— Wereld

De groei van de industrie in Noord-Europa, constant prices, 1970=100%

— Noord-Europa
—▫— Wereld

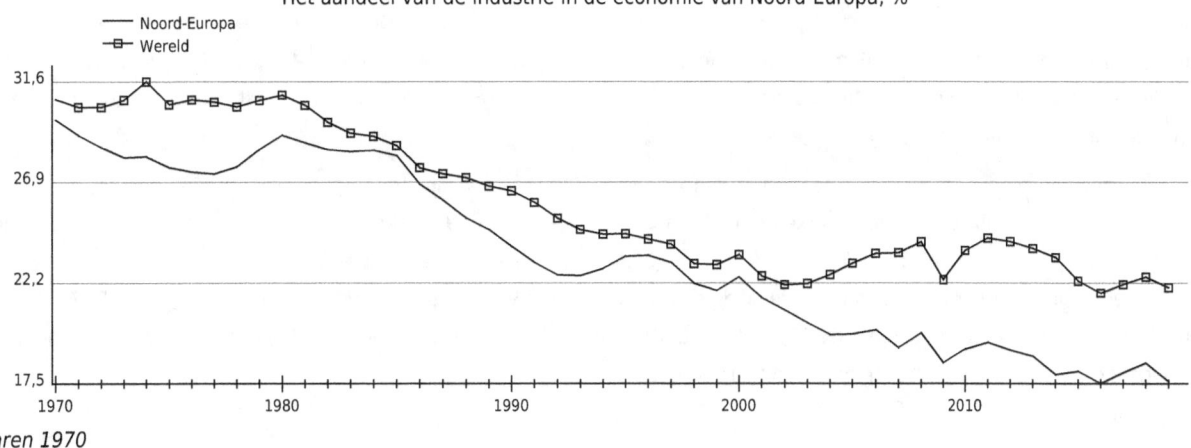

Het aandeel van de industrie in de economie van Noord-Europa, %

de jaren 1970

De sector van de industrie in Noord-Europa bedroeg in de jaren 1970 US$113,4 miljard per jaar, en was vergelijkbaar met Zuid-Europa (US$110,8 miljard). Het aandeel in de wereld was 5,8%, en 13,8% in Europa.

Het aandeel van de industrie in de economie van Noord-Europa was 28,0% in de jaren 1970, en was vergelijkbaar met Bolivia (28,0%), Zweden (27,9%), Oceanië (27,9%).

De waarde van de industrie per hoofd in Noord-Europa was $1.395,7 in de jaren 1970s, en was vergelijkbaar met IJsland (US$1.382,4), Denemarken (US$1.380,0), Oceanië (US$1.413,2). De toegevoegde waarde van de industrie per hoofd in Noord-Europa was in 2,9 keer hoger dan de industrie per hoofd van de bevolking in de wereld ($480,5), en was 23,3% hoger dan de industrie per hoofd van de bevolking in Europa ($480,5).

De groei van de industrie in Noord-Europa bedroeg 2.5% in de jaren 1970, en was vergelijkbaar met Argentinië (2,4%), Denemarken (2,5%), Noord-Amerika (2,5%). De groei van de industrie in Noord-Europa (2,5%) was minder dan de groei van de industrie in de wereld (4,0%), was minder dan de groei van de industrie in Europa (3,6%).

Vergelijking met subregio's. De waarde van de industrie in Noord-Europa was groter dan in Zuid-Europa (US$110,8 miljard); maar minder dan in West-Europa (US$298,8 miljard) en in Oost-Europa (US$297,8 miljard). De waarde van de industrie per hoofd in Noord-Europa was in Noord-Europa groter dan in Oost-Europa (US$871,9) en in Zuid-Europa (US$836,0); maar minder dan in West-Europa (US$1.757,8). De groei van de industrie in Noord-Europa was minder dan in Oost-Europa (5,8%), in Zuid-Europa (5,3%) en in West-Europa (2,5%).

Leiders. De waarde van de industrie in Noord-Europa in de jaren 1970 bestond uit: Verenigd Koninkrijk (64,0%), Zweden (15,9%), Noorwegen (6,3%), Denemarken (6,1%), Finland (6,0%), en andere (1,7%). Het aandeel van de industrie in economie van de leiders: Finland (29,6%), Verenigd Koninkrijk (29,5%), Zweden (27,9%), Noorwegen (26,5%) en Denemarken (20,3%). De toegevoegde waarde van de industrie per hoofd in Noord-Europa onder de leiders: Zweden ($2.198,7), Noorwegen ($1.781,0), Finland ($1.452,6), Denemarken ($1.380,0) en Verenigd Koninkrijk ($1.295,1). De groei van de industrie onder de leiders: Noorwegen (7,2%), Finland (4,1%), Denemarken (2,5%), Verenigd Koninkrijk (1,9%) en Zweden (1,7%).

de jaren 1980

De toegevoegde waarde van de industrie in Noord-Europa bedroeg in de jaren 1980 US$265,1 miljard per jaar. Het aandeel in de wereld was 6,4%, en 17,9% in Europa.

Het aandeel van de industrie in de economie van Noord-Europa was 27,1% in de jaren 1980, en was vergelijkbaar met Marokko (27,0%), Zuid-Europa (27,1%), Mauritius (27,0%).

De sector van de industrie per hoofd in Noord-Europa was $3.205,0 in de jaren 1980s, en was vergelijkbaar met Bahrein (US$3,2 duizend). De sector van de industrie per hoofd in Noord-Europa was in 3,7 keer hoger dan de industrie per hoofd van de bevolking in de wereld ($861,8), en was 65,7% hoger dan de industrie per hoofd van de bevolking in Europa ($861,8).

De groei van de industrie in Noord-Europa bedroeg 2.1% in de jaren 1980, en was vergelijkbaar met Saint Kitts en Nevis (2,1%), Malta (2,1%). De groei van de industrie in Noord-Europa (2,1%) was minder dan de groei van de industrie in de wereld (2,3%), was minder dan de groei van de industrie in Europa (2,3%).

Vergelijking met subregio's. De sector van de industrie in Noord-Europa was groter dan in Zuid-Europa (US$257,8 miljard); maar minder dan in West-Europa (US$573,2 miljard) en in Oost-Europa (US$388,2 miljard). De toegevoegde waarde van de industrie per hoofd in Noord-Europa was in Noord-Europa groter dan in Zuid-Europa (US$1.824,3) en in Oost-Europa (US$1.048,8); maar minder dan in West-Europa (US$3,3 duizend). De groei van de industrie in Noord-Europa was groter dan in West-Europa (1,3%); maar minder dan in Oost-Europa (4,0%) en in Zuid-Europa (2,4%).

Leiders. De sector van de industrie in Noord-Europa in de jaren 1980 bestond uit: Verenigd Koninkrijk (64,6%), Zweden (13,2%), Noorwegen (7,8%), Finland (6,6%), Denemarken (5,4%), en andere (2,4%). Het aandeel van de industrie in economie van de leiders: Noorwegen (30,9%), Finland (28,2%), Verenigd Koninkrijk (27,6%), Zweden (26,4%) en Denemarken (20,9%). De waarde van de industrie per hoofd in Noord-Europa onder de leiders: Noorwegen ($4.966,3), Zweden ($4.174,9), Finland ($3.599,4), Verenigd Koninkrijk ($3.032,7) en Denemarken ($2.818,5). De groei van de industrie onder de leiders: Noorwegen (4,9%), Finland (4,0%), Denemarken (3,5%), Zweden (1,9%) en Verenigd Koninkrijk (1,4%).

de jaren 1990

De toegevoegde waarde van de industrie in Noord-Europa bedroeg in de jaren 1990 US$442,0 miljard per jaar, en was vergelijkbaar met Zuid-Europa (US$437,7 miljard). Het aandeel in de wereld was 6,6%, en 20,5% in Europa.

Het aandeel van de industrie in de economie van Noord-Europa was 22,9% in de jaren 1990, en was vergelijkbaar met Nieuw-Zeeland (22,9%), Zimbabwe (22,9%), Centraal-Azië (23,0%).

De waarde van de industrie per hoofd in Noord-Europa was $4.761,2 in de jaren 1990s, en was vergelijkbaar met Canada (US$4,8 duizend), IJsland (US$4,8 duizend). De sector van de industrie per hoofd in Noord-Europa was in 4,0 keer hoger dan de industrie per hoofd van de bevolking in de wereld ($1.175,6), en was 60,8% hoger dan de industrie per hoofd van de bevolking in Europa ($1.175,6).

De groei van de industrie in Noord-Europa bedroeg 2.6% in de jaren 1990. De groei van de industrie in Noord-Europa (2,6%) was groter dan de groei van de industrie in de wereld (2,5%), was groter dan de groei van de industrie in Europa (0,0047%).

Vergelijking met subregio's. De toegevoegde waarde van de industrie in Noord-Europa was groter dan in Zuid-Europa (US$437,7 miljard) en in Oost-Europa (US$242,8 miljard); maar minder dan in West-Europa (US$1,0 biljoen). De waarde van de industrie per hoofd in Noord-Europa was in Noord-Europa groter dan in Zuid-Europa (US$3,0 duizend) en in Oost-Europa (US$786,1); maar minder dan in West-Europa (US$5,7 duizend). De groei van de industrie in Noord-Europa was groter dan in West-Europa (1,2%), in Zuid-Europa (0,84%) en in Oost-Europa (-6,4%).

Leiders. De sector van de industrie in Noord-Europa in de jaren 1990 bestond uit: Verenigd Koninkrijk (60,8%), Zweden (12,7%), Noorwegen (8,2%), Denemarken (6,7%), Finland (6,6%), en andere (5,1%). Het aandeel van de industrie in economie van de leiders: Noorwegen (29,3%), Finland (26,9%), Zweden (24,5%), Verenigd Koninkrijk (21,7%) en Denemarken (21,0%). De toegevoegde waarde van de industrie per hoofd in Noord-Europa onder de leiders: Noorwegen ($8.293,0), Zweden ($6.412,0), Finland ($5.696,9), Denemarken ($5.646,1) en Verenigd Koninkrijk ($4.639,8). De groei van de industrie onder de leiders: Noorwegen (4,7%), Finland (4,1%), Zweden (4,0%), Denemarken (2,3%) en Verenigd Koninkrijk (1,2%).

de jaren 2000

De toegevoegde waarde van de industrie in Noord-Europa bedroeg in de jaren 2000 US$663,4 miljard per jaar. Het aandeel in de wereld was 6,5%, en 22,7% in Europa.

Het aandeel van de industrie in de economie van Noord-Europa was 20,1% in de jaren 2000, en was vergelijkbaar met Soedan (20,0%), België (20,0%), Australië (20,0%).

De sector van de industrie per hoofd in Noord-Europa was $6.896,2 in de jaren 2000s, en was vergelijkbaar met West-Europa (US$6,7 duizend). De waarde van de industrie per hoofd in Noord-Europa was in 4,4 keer hoger dan de industrie per hoofd van de bevolking in de wereld ($1.573,8), en was 72,4% hoger dan de industrie per hoofd van de bevolking in Europa ($1.573,8).

De groei van de industrie in Noord-Europa bedroeg -0.3% in de jaren 2000. De groei van de industrie in Noord-Europa (-0,32%) was minder dan de groei van de industrie in de wereld (2,9%), was minder dan de groei van de industrie in Europa (0,63%).

Vergelijking met subregio's. De sector van de industrie in Noord-Europa was groter dan in Zuid-Europa (US$587,2 miljard) en in Oost-Europa (US$411,2 miljard); maar   minder dan in West-Europa (US$1,3 biljoen). De sector van de industrie per hoofd in

Noord-Europa was in Noord-Europa groter dan in West-Europa (US$6,7 duizend), in Zuid-Europa (US$3,9 duizend) en in Oost-Europa (US$1.376,6). De groei van de industrie in Noord-Europa was groter dan in Zuid-Europa (-0,34%); maar minder dan in Oost-Europa (4,0%) en in West-Europa (0,46%).

Leiders. De toegevoegde waarde van de industrie in Noord-Europa in de jaren 2000 bestond uit: Verenigd Koninkrijk (52,0%), Noorwegen (14,3%), Zweden (11,4%), Finland (7,1%), Denemarken (6,6%), en andere (8,5%). Het aandeel van de industrie in economie van de leiders: Noorwegen (36,3%), Finland (27,3%), Zweden (23,0%), Denemarken (20,4%) en Verenigd Koninkrijk (16,5%). De industrie per hoofd in Noord-Europa onder de leiders: Noorwegen ($20.490,2), Finland ($8.992,9), Zweden ($8.382,7), Denemarken ($8.121,0) en Verenigd Koninkrijk ($5.710,8). De groei van de industrie onder de leiders: Finland (2,2%), Zweden (0,43%), Noorwegen (-0,13%), Denemarken (-0,92%) en Verenigd Koninkrijk (-1,1%).

de jaren 2010

De waarde van de industrie in Noord-Europa bedroeg in de jaren 2010 US$780,4 miljard per jaar, en was vergelijkbaar met Zuid-Amerika (US$780,8 miljard), Zuidoost-Azië (US$764,3 miljard). Het aandeel in de wereld was 4,6%, en 20,6% in Europa.

Het aandeel van de industrie in de economie van Noord-Europa was 18,4% in de jaren 2010, en was vergelijkbaar met Denemarken (18,4%), Ivoorkust (18,5%), Australië (18,3%).

De toegevoegde waarde van de industrie per hoofd in Noord-Europa was $7.584,5 in de jaren 2010s. De waarde van de industrie per hoofd in Noord-Europa was in 3,3 keer hoger dan de industrie per hoofd van de bevolking in de wereld ($2.320,9), en was 49,1% hoger dan de industrie per hoofd van de bevolking in Europa ($2.320,9).

De groei van de industrie in Noord-Europa bedroeg 1.7% in de jaren 2010, en was vergelijkbaar met Congo (1,7%). De groei van de industrie in Noord-Europa (1,7%) was minder dan de groei van de industrie in de wereld (3,5%), was minder dan de groei van de industrie in Europa (2,0%).

Vergelijking met subregio's. De toegevoegde waarde van de industrie in Noord-Europa was 4,6% groter dan in Oost-Europa (US$746,0 miljard) en 19,2% groter dan in Zuid-Europa (US$654,8 miljard); maar 2,1 keer minder dan in West-Europa (US$1,6 biljoen). De toegevoegde waarde van de industrie per hoofd in Noord-Europa was in Noord-Europa77,2% groter dan in Zuid-Europa (US$4,3 duizend) en 3,0 keer groter dan in Oost-Europa (US$2,5 duizend); maar 8,4% minder dan in West-Europa (US$8,3 duizend). De groei van de industrie in Noord-Europa was groter dan in Zuid-Europa (0,77%); maar minder dan in Oost-Europa (2,5%) en in West-Europa (2,4%).

Leiders. De industrie van Noord-Europa in de jaren 2010 bestond uit: Verenigd Koninkrijk (45,8%), Noorwegen (15,8%), Zweden (11,8%), Ierland (11,0%), Denemarken (6,9%), en andere (8,7%). Het aandeel van de industrie in economie van de leiders: Ierland (32,0%), Noorwegen (31,4%), Zweden (19,2%), Denemarken (18,4%) en Verenigd Koninkrijk (14,5%). De sector van de industrie per hoofd in Noord-Europa onder de leiders: Noorwegen ($23.954,6), Ierland ($18.337,3), Zweden ($9.492,1), Denemarken ($9.427,1) en Verenigd Koninkrijk ($5.443,9). De groei van de industrie onder de leiders: Ierland (9,1%), Denemarken (2,2%), Zweden (2,2%), Verenigd Koninkrijk (0,44%) en Noorwegen (-0,34%).

Hoofdstuk 5.1. Fabricage

(ISIC D)

De sector van de fabricage in Noord-Europa steeg van US$91,5 miljard per jaar in de jaren 1970 tot US$535,3 miljard per jaar in de jaren 2010, dat wil zeggen met US$443,8 miljard of 5,8 keer. De verandering vond plaats op US$366,5 miljard als gevolg van een 3,2-voudige stijging van de prijzen, en ook op US$53,0 miljard als gevolg van een 1,5-voudige toename van de productiviteit , evenals op US$24,4 miljard als gevolg van de toename van de bevolking. De gemiddelde jaarlijkse groei van de fabricage is 1,7%. De minimumwaarde van de fabricage bedroeg US$51,8 miljard in 1970. De maximumwaarde van de fabricage bedroeg US$587,8 miljard in 2018.

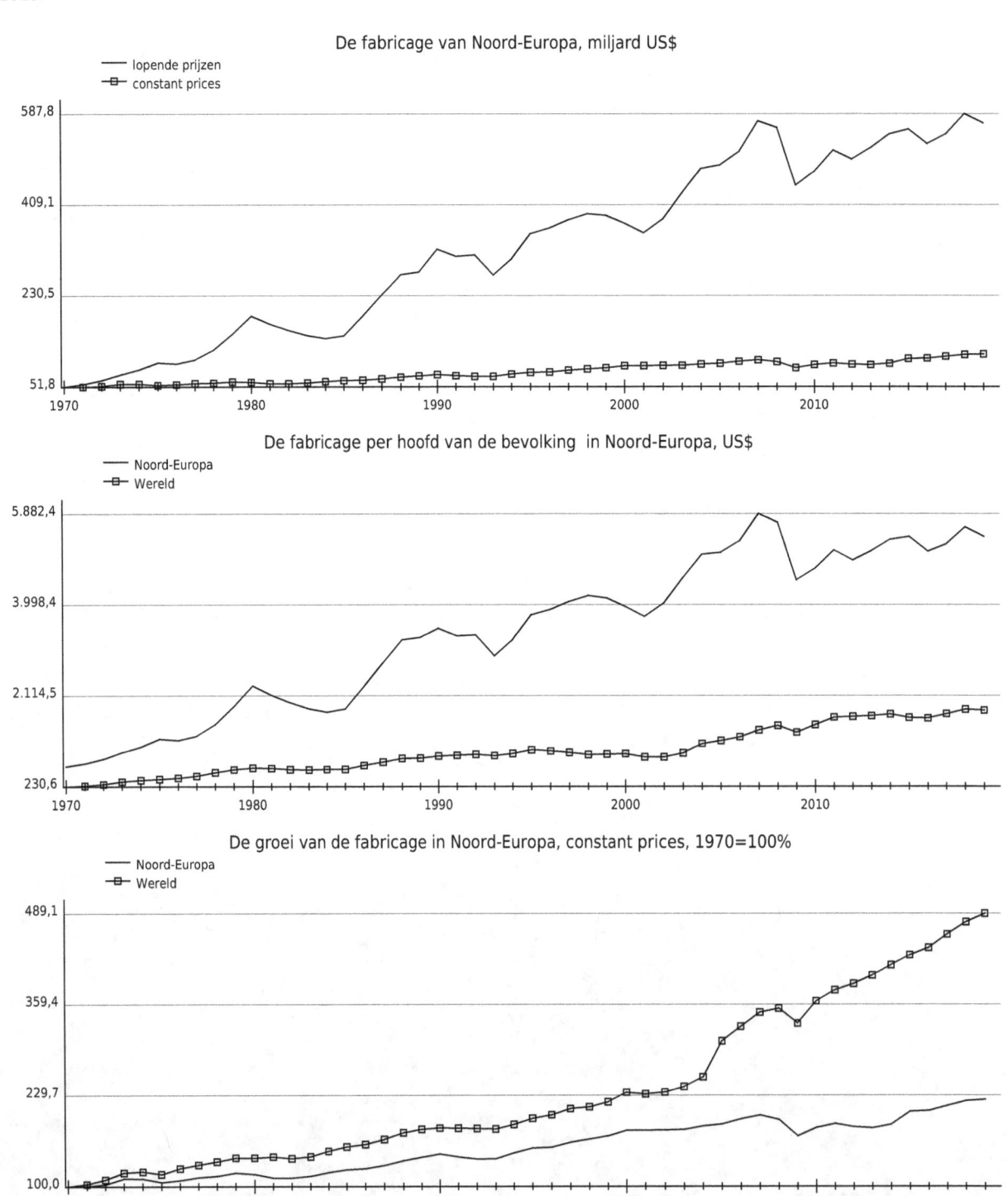

De fabricage van Noord-Europa, miljard US$

De fabricage per hoofd van de bevolking in Noord-Europa, US$

De groei van de fabricage in Noord-Europa, constant prices, 1970=100%

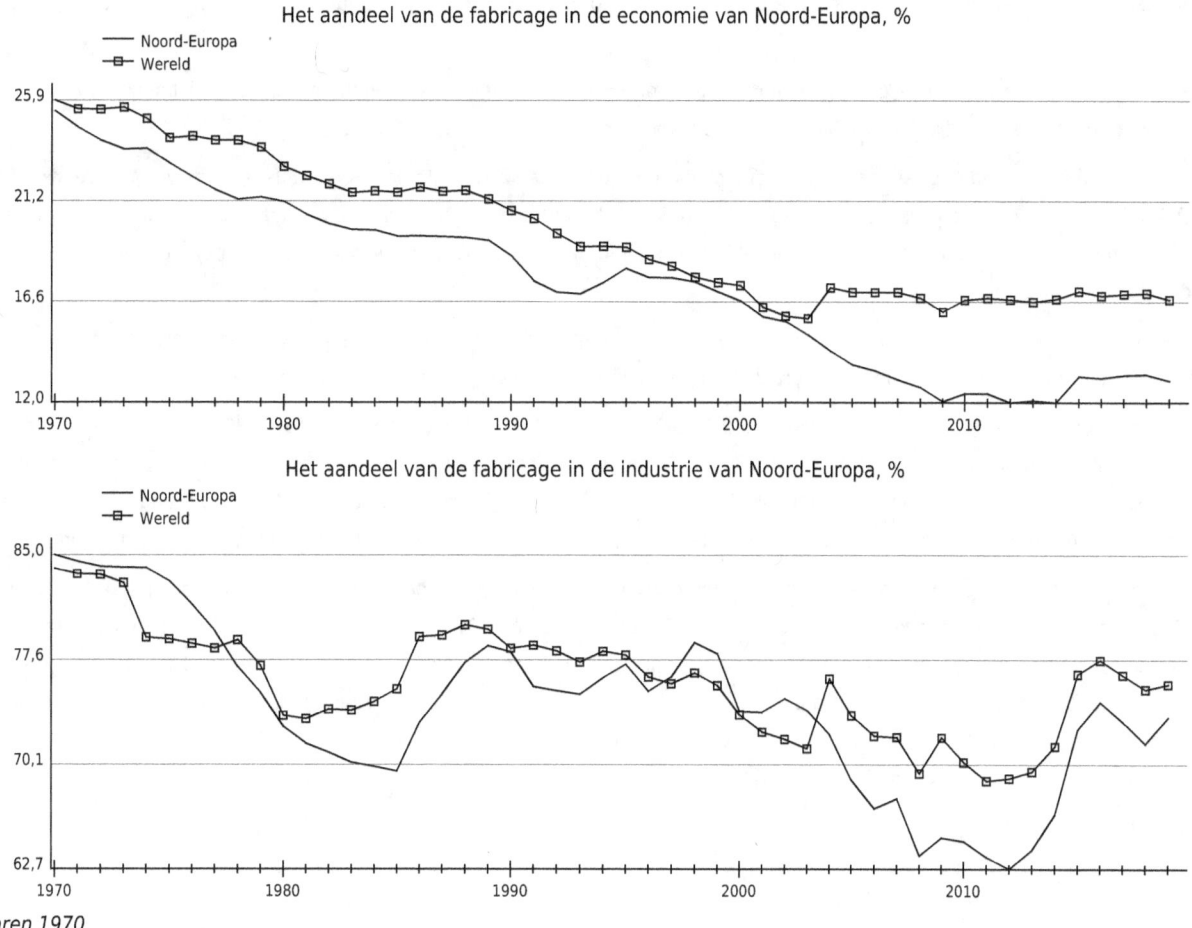

Het aandeel van de fabricage in de economie van Noord-Europa, %

Het aandeel van de fabricage in de industrie van Noord-Europa, %

de jaren 1970

De waarde van de fabricage in Noord-Europa bedroeg in de jaren 1970 US$91,5 miljard per jaar. Het aandeel in de wereld was 5,9%, en 12,4% in Europa.

Het aandeel van de fabricage in de economie van Noord-Europa was 22,6% in de jaren 1970, en was vergelijkbaar met Amerika (22,5%), Turkije (22,5%), Uruguay (22,8%).

De toegevoegde waarde van de fabricage per hoofd in Noord-Europa was $1.126,2 in de jaren 1970s. De waarde van de fabricage per hoofd in Noord-Europa was in 2,9 keer hoger dan de fabricage per hoofd van de bevolking in de wereld ($383,2), en was 10,5% hoger dan de fabricage per hoofd van de bevolking in Europa ($383,2).

De groei van de fabricage in Noord-Europa bedroeg 2% in de jaren 1970, en was vergelijkbaar met Bangladesh (2,0%). De groei van de fabricage in Noord-Europa (2,0%) was minder dan de groei van de fabricage in de wereld (3,8%), was minder dan de groei van de fabricage in Europa (3,5%).

Vergelijking met subregio's. De sector van de fabricage in Noord-Europa was minder dan in Oost-Europa (US$288,9 miljard), in West-Europa (US$261,3 miljard) en in Zuid-Europa (US$97,7 miljard). De sector van de fabricage per hoofd in Noord-Europa was in Noord-Europa groter dan in Oost-Europa (US$845,6) en in Zuid-Europa (US$736,8); maar minder dan in West-Europa (US$1.537,5). De groei van de fabricage in Noord-Europa was minder dan in Zuid-Europa (6,0%), in Oost-Europa (5,9%) en in West-Europa (2,4%).

Leiders. De waarde van de fabricage in Noord-Europa in de jaren 1970 bestond uit: Verenigd Koninkrijk (62,0%), Zweden (17,3%), Denemarken (6,8%), Finland (6,5%), Noorwegen (5,5%), en andere (1,8%). Het aandeel van de fabricage in economie van de leiders: Finland (25,9%), Zweden (24,6%), Verenigd Koninkrijk (23,1%), Noorwegen (18,8%) en Denemarken (18,2%). De waarde van de fabricage per hoofd in Noord-Europa onder de leiders: Zweden ($1.936,2), Finland ($1.271,2), Noorwegen ($1.264,9), Denemarken ($1.236,3) en Verenigd Koninkrijk ($1.012,6). De groei van de fabricage onder de leiders: Finland (3,7%), Denemarken (2,4%), Verenigd Koninkrijk (1,8%), Noorwegen (1,8%) en Zweden (1,3%).

de jaren 1980

De fabricage van Noord-Europa bedroeg in de jaren 1980 US$195,0 miljard per jaar. Het aandeel in de wereld was 6,1%, en 15,2% in Europa.

Het aandeel van de fabricage in de economie van Noord-Europa was 19,9% in de jaren 1980, en was vergelijkbaar met Zuidoost-Azië (19,9%), het Verenigd Koninkrijk (19,7%), Mozambique (20,1%).

De toegevoegde waarde van de fabricage per hoofd in Noord-Europa was $2.356,7 in de jaren 1980s, en was vergelijkbaar met Italië (US$2,4 duizend), Denemarken (US$2,4 duizend), België (US$2,4 duizend). De sector van de fabricage per hoofd in Noord-Europa was in 3,6 keer hoger dan de fabricage per hoofd van de bevolking in de wereld ($661,2), en was 40,9% hoger dan de fabricage per hoofd van de bevolking in Europa ($661,2).

De groei van de fabricage in Noord-Europa bedroeg 1.7% in de jaren 1980. De groei van de fabricage in Noord-Europa (1,7%) was minder dan de groei van de fabricage in de wereld (2,6%), was minder dan de groei van de fabricage in Europa (2,1%).

Vergelijking met subregio's. De fabricage van Noord-Europa was minder dan in West-Europa (US$489,2 miljard), in Oost-Europa (US$373,7 miljard) en in Zuid-Europa (US$225,7 miljard). De fabricage per hoofd in Noord-Europa was in Noord-Europa groter dan in Zuid-Europa (US$1.597,2) en in Oost-Europa (US$1.009,6); maar minder dan in West-Europa (US$2,8 duizend). De groei van de fabricage in Noord-Europa was groter dan in West-Europa (1,4%); maar minder dan in Oost-Europa (4,0%) en in Zuid-Europa (2,5%).

Leiders. De toegevoegde waarde van de fabricage in Noord-Europa in de jaren 1980 bestond uit: Verenigd Koninkrijk (62,9%), Zweden (15,5%), Finland (7,9%), Denemarken (6,3%), Noorwegen (4,6%), en andere (2,8%). Het aandeel van de fabricage in economie van de leiders: Finland (24,7%), Zweden (22,7%), Verenigd Koninkrijk (19,7%), Denemarken (17,8%) en Noorwegen (13,4%). De toegevoegde waarde van de fabricage per hoofd in Noord-Europa onder de leiders: Zweden ($3.601,0), Finland ($3.149,6), Denemarken ($2.401,5), Verenigd Koninkrijk ($2.173,1) en Noorwegen ($2.162,1). De groei van de fabricage onder de leiders: Finland (4,0%), Zweden (2,5%), Denemarken (1,8%), Verenigd Koninkrijk (1,5%) en Noorwegen (-0,29%).

de jaren 1990

De toegevoegde waarde van de fabricage in Noord-Europa bedroeg in de jaren 1990 US$339,0 miljard per jaar. Het aandeel in de wereld was 6,5%, en 19,1% in Europa.

Het aandeel van de fabricage in de economie van Noord-Europa was 17,6% in de jaren 1990, en was vergelijkbaar met Zimbabwe (17,6%), Guatemala (17,4%).

De waarde van de fabricage per hoofd in Noord-Europa was $3.652,4 in de jaren 1990s, en was vergelijkbaar met Frankrijk (US$3,6 duizend), het Verenigd Koninkrijk (US$3,6 duizend). De waarde van de fabricage per hoofd in Noord-Europa was in 4,0 keer hoger dan de fabricage per hoofd van de bevolking in de wereld ($908,4), en was 49,5% hoger dan de fabricage per hoofd van de bevolking in Europa ($908,4).

De groei van de fabricage in Noord-Europa bedroeg 2% in de jaren 1990, en was vergelijkbaar met de Wereld (2,0%). De groei van de fabricage in Noord-Europa (2,0%) was minder dan de groei van de fabricage in de wereld (2,0%), was groter dan de groei van de fabricage in Europa (0,24%).

Vergelijking met subregio's. De fabricage van Noord-Europa was groter dan in Oost-Europa (US$177,6 miljard); maar minder dan in West-Europa (US$884,7 miljard) en in Zuid-Europa (US$374,1 miljard). De toegevoegde waarde van de fabricage per hoofd in Noord-Europa was in Noord-Europa groter dan in Zuid-Europa (US$2,6 duizend) en in Oost-Europa (US$575,1); maar minder dan in West-Europa (US$4,9 duizend). De groei van de fabricage in Noord-Europa was groter dan in West-Europa (1,2%), in Zuid-Europa (0,90%) en in Oost-Europa (-6,1%).

Leiders. De toegevoegde waarde van de fabricage in Noord-Europa in de jaren 1990 bestond uit: Verenigd Koninkrijk (61,3%), Zweden (14,1%), Finland (7,6%), Denemarken (7,0%), Noorwegen (4,3%), en andere (5,7%). Het aandeel van de fabricage in economie van de leiders: Finland (23,8%), Zweden (20,9%), Denemarken (16,8%), Verenigd Koninkrijk (16,8%) en Noorwegen (11,7%). De sector van de fabricage per hoofd in Noord-Europa onder de leiders: Zweden ($5.464,6), Finland ($5.030,3), Denemarken ($4.533,3), Verenigd Koninkrijk ($3.590,2) en Noorwegen ($3.322,5). De groei van de fabricage onder de leiders: Finland (4,5%), Zweden (4,4%), Denemarken (1,9%), Noorwegen (1,1%) en Verenigd Koninkrijk (0,56%).

de jaren 2000

De toegevoegde waarde van de fabricage in Noord-Europa bedroeg in de jaren 2000 US$460,5 miljard per jaar. Het aandeel in de wereld was 6,2%, en 19,9% in Europa.

Het aandeel van de fabricage in de economie van Noord-Europa was 13,9% in de jaren 2000, en was vergelijkbaar met Iran (13,9%), Amerika (13,9%), Canada (14,0%).

De waarde van de fabricage per hoofd in Noord-Europa was $4.787,3 in de jaren 2000s, en was vergelijkbaar met Italië (US$4,8 duizend), IJsland (US$4,7 duizend), de Nederland (US$4,9 duizend). De waarde van de fabricage per hoofd in Noord-Europa was in 4,2 keer hoger dan de fabricage per hoofd van de bevolking in de wereld ($1.138,1), en was 51,4% hoger dan de fabricage per hoofd van de bevolking in Europa ($1.138,1).

De groei van de fabricage in Noord-Europa bedroeg -0% in de jaren 2000. De groei van de fabricage in Noord-Europa (-0,018%) was minder dan de groei van de fabricage in de wereld (4,2%), was minder dan de groei van de fabricage in Europa (0,69%).

Vergelijking met subregio's. De sector van de fabricage in Noord-Europa was groter dan in Oost-Europa (US$278,4 miljard); maar minder dan in West-Europa (US$1,1 biljoen) en in Zuid-Europa (US$493,4 miljard). De fabricage per hoofd in Noord-Europa was in Noord-Europa groter dan in Zuid-Europa (US$3,3 duizend) en in Oost-Europa (US$932,0); maar minder dan in West-Europa (US$5,8 duizend). De groei van de fabricage in Noord-Europa was groter dan in Zuid-Europa (-0,62%); maar minder dan in Oost-Europa (4,9%) en in West-Europa (0,55%).

Leiders. De fabricage van Noord-Europa in de jaren 2000 bestond uit: Verenigd Koninkrijk (54,3%), Zweden (13,8%), Finland (9,2%), Ierland (8,5%), Denemarken (6,8%), en andere (7,4%). Het aandeel van de fabricage in economie van de leiders: Finland (24,3%), Ierland (23,1%), Zweden (19,3%), Denemarken (14,5%) en Verenigd Koninkrijk (11,9%). De waarde van de fabricage per hoofd in Noord-Europa onder de leiders: Ierland ($9.556,9), Finland ($8.019,8), Zweden ($7.046,9), Denemarken ($5.779,9) en Verenigd Koninkrijk ($4.135,9). De groei van de fabricage onder de leiders: Ierland (2,7%), Finland (2,3%), Zweden (0,54%), Denemarken (-0,72%) en Verenigd Koninkrijk (-0,94%).

de jaren 2010

De sector van de fabricage in Noord-Europa bedroeg in de jaren 2010 US$535,3 miljard per jaar, en was vergelijkbaar met Zuid-Europa (US$524,1 miljard), Zuidoost-Azië (US$547,2 miljard). Het aandeel in de wereld was 4,3%, en 18,5% in Europa.

Het aandeel van de fabricage in de economie van Noord-Europa was 12,6% in de jaren 2010, en was vergelijkbaar met Namibië (12,6%), Ghana (12,7%), Brazilië (12,6%).

De fabricage per hoofd in Noord-Europa was $5.202,7 in de jaren 2010s. De toegevoegde waarde van de fabricage per hoofd in Noord-Europa was in 3,1 keer hoger dan de fabricage per hoofd van de bevolking in de wereld ($1.697,4), en was 33,6% hoger dan de fabricage per hoofd van de bevolking in Europa ($1.697,4).

De groei van de fabricage in Noord-Europa bedroeg 2.7% in de jaren 2010, en was vergelijkbaar met Wit-Rusland (2,7%), Peru (2,7%), Somalië (2,7%). De groei van de fabricage in Noord-Europa (2,7%) was minder dan de groei van de fabricage in de wereld (3,9%), was groter dan de groei van de fabricage in Europa (2,5%).

Vergelijking met subregio's. De sector van de fabricage in Noord-Europa was 2,1% groter dan in Zuid-Europa (US$524,1 miljard) en 13,7% groter dan in Oost-Europa (US$471,0 miljard); maar 2,6 keer minder dan in West-Europa (US$1,4 biljoen). De fabricage per hoofd in Noord-Europa was in Noord-Europa51,9% groter dan in Zuid-Europa (US$3,4 duizend) en 3,3 keer groter dan in Oost-Europa (US$1.600,2); maar 26,3% minder dan in West-Europa (US$7,1 duizend). De groei van de fabricage in Noord-Europa was groter dan in Zuid-Europa (1,1%); maar minder dan in Oost-Europa (3,2%) en in West-Europa (2,8%).

Leiders. De toegevoegde waarde van de fabricage in Noord-Europa in de jaren 2010 bestond uit: Verenigd Koninkrijk (47,8%), Ierland (15,0%), Zweden (13,8%), Denemarken (7,6%), Finland (7,3%), en andere (8,6%). Het aandeel van de fabricage in economie van de leiders: Ierland (29,9%), Finland (17,4%), Zweden (15,3%), Denemarken (14,0%) en Verenigd Koninkrijk (10,3%). De sector van de fabricage per hoofd in Noord-Europa onder de leiders: Ierland ($17.112,2), Zweden ($7.597,2), Finland ($7.169,6), Denemarken ($7.163,8) en Verenigd Koninkrijk ($3.897,5). De groei van de fabricage onder de leiders: Ierland (9,8%), Denemarken (4,1%), Zweden (2,6%), Finland (1,1%) en Verenigd Koninkrijk (0,89%).

Hoofdstuk VI. Constructie

(ISIC F)

De sector van de constructie in Noord-Europa steeg van US$29,1 miljard per jaar in de jaren 1970 tot US$249,3 miljard per jaar in de jaren 2010, dat wil zeggen met US$220,1 miljard of 8,6 keer. De verandering vond plaats op US$201,4 miljard als gevolg van een 5,2-voudige stijging van de prijzen, en ook op US$11,0 miljard als gevolg van een 1,3-voudige toename van de productiviteit , evenals op US$7,8 miljard als gevolg van de toename van de bevolking. De gemiddelde jaarlijkse groei van de constructie is 1,3%. De minimumwaarde van de constructie bedroeg US$14,5 miljard in 1970. De maximumwaarde van de constructie bedroeg US$291,9 miljard in 2007.

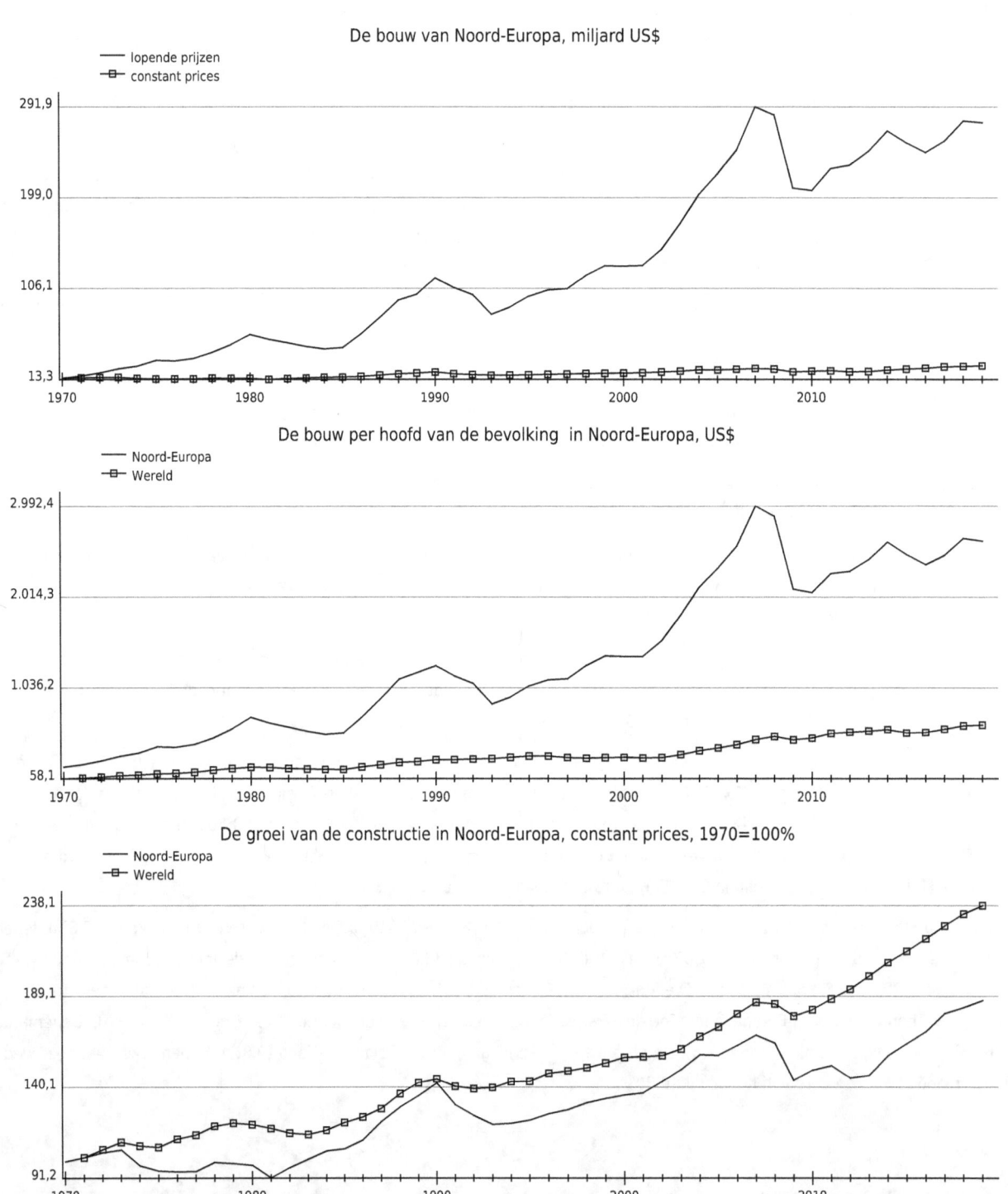

De bouw van Noord-Europa, miljard US$

De bouw per hoofd van de bevolking in Noord-Europa, US$

De groei van de constructie in Noord-Europa, constant prices, 1970=100%

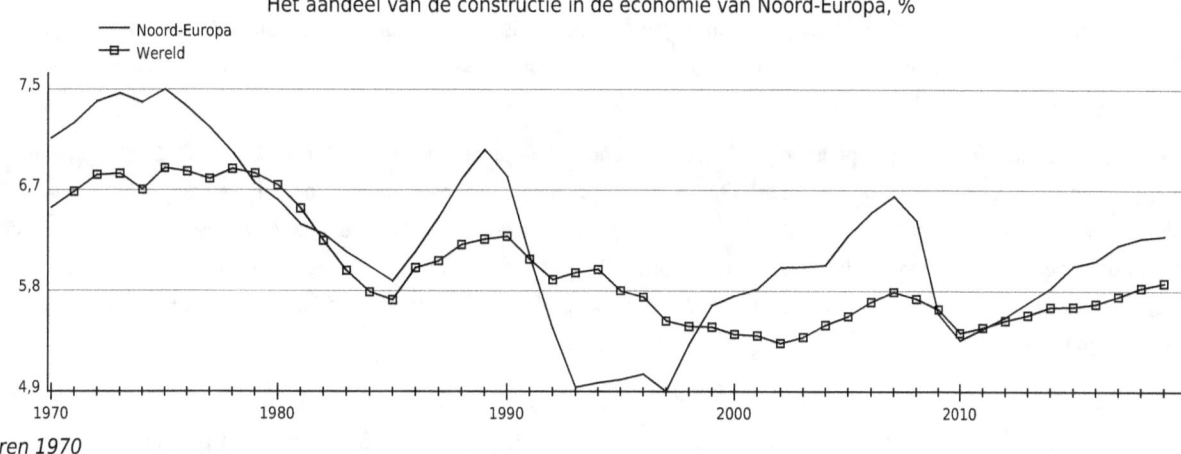

Het aandeel van de constructie in de economie van Noord-Europa, %

— Noord-Europa
—□— Wereld

de jaren 1970

De constructie van Noord-Europa bedroeg in de jaren 1970 US$29,1 miljard per jaar. Het aandeel in de wereld was 6,8%, en 14,4% in Europa.

Het aandeel van de constructie in de economie van Noord-Europa was 7,2% in de jaren 1970, en was vergelijkbaar met het Verenigd Koninkrijk (7,2%), Jemen (7,2%).

De waarde van de constructie per hoofd in Noord-Europa was $358,4 in de jaren 1970s, en was vergelijkbaar met de Bahama's (US$359,1). De waarde van de constructie per hoofd in Noord-Europa was in 3,4 keer hoger dan de constructie per hoofd van de bevolking in de wereld ($106,1), en was 29,0% hoger dan de constructie per hoofd van de bevolking in Europa ($106,1).

De groei van de constructie in Noord-Europa bedroeg -0.1% in de jaren 1970. De groei van de constructie in Noord-Europa (-0,12%) was minder dan de groei van de constructie in de wereld (2,1%), was minder dan de groei van de constructie in Europa (1,3%).

Vergelijking met subregio's. De constructie van Noord-Europa was minder dan in West-Europa (US$75,0 miljard), in Oost-Europa (US$64,0 miljard) en in Zuid-Europa (US$33,4 miljard). De sector van de constructie per hoofd in Noord-Europa was in Noord-Europa groter dan in Zuid-Europa (US$251,6) en in Oost-Europa (US$187,5); maar minder dan in West-Europa (US$441,4). De groei van de constructie in Noord-Europa was minder dan in Oost-Europa (6,2%), in West-Europa (0,77%) en in Zuid-Europa (0,49%).

Leiders. De constructie van Noord-Europa in de jaren 1970 bestond uit: Verenigd Koninkrijk (60,7%), Zweden (14,8%), Denemarken (8,2%), Finland (7,0%), Noorwegen (5,6%), en andere (3,6%). Het aandeel van de constructie in economie van de leiders: Finland (8,8%), Verenigd Koninkrijk (7,2%), Denemarken (7,0%), Zweden (6,7%) en Noorwegen (6,1%). De bouw per hoofd in Noord-Europa onder de leiders: Zweden ($525,9), Denemarken ($475,2), Finland ($433,4), Noorwegen ($412,5) en Verenigd Koninkrijk ($315,7). De groei van de constructie onder de leiders: Noorwegen (2,6%), Finland (1,5%), Zweden (0,83%), Verenigd Koninkrijk (-0,55%) en Denemarken (-2,1%).

de jaren 1980

De toegevoegde waarde van de constructie in Noord-Europa bedroeg in de jaren 1980 US$63,1 miljard per jaar. Het aandeel in de wereld was 7,0%, en 17,8% in Europa.

Het aandeel van de constructie in de economie van Noord-Europa was 6,4% in de jaren 1980, en was vergelijkbaar met Griekenland (6,4%), West-Europa (6,5%), de Bahama's (6,4%).

De constructie per hoofd in Noord-Europa was $762,6 in de jaren 1980s, en was vergelijkbaar met de Verenigde Staten (US$754,4), Noord-Amerika (US$772,7), Frankrijk (US$751,9). De constructie per hoofd in Noord-Europa was in 4,1 keer hoger dan de constructie per hoofd van de bevolking in de wereld ($186,2), en was 64,8% hoger dan de constructie per hoofd van de bevolking in Europa ($186,2).

De groei van de constructie in Noord-Europa bedroeg 3.2% in de jaren 1980, en was vergelijkbaar met Paraguay (3,2%), Finland (3,2%), Ivoorkust (3,2%). De groei van de constructie in Noord-Europa (3,2%) was groter dan de groei van de constructie in de wereld (1,7%), was groter dan de groei van de constructie in Europa (1,9%).

Vergelijking met subregio's. De waarde van de constructie in Noord-Europa was minder dan in West-Europa (US$134,1 miljard), in

Oost-Europa (US$90,4 miljard) en in Zuid-Europa (US$67,6 miljard). De waarde van de constructie per hoofd in Noord-Europa was in Noord-Europa groter dan in Zuid-Europa (US$478,0) en in Oost-Europa (US$244,4); maar minder dan in West-Europa (US$773,3). De groei van de constructie in Noord-Europa was groter dan in Zuid-Europa (1,2%) en in West-Europa (0,27%); maar minder dan in Oost-Europa (4,9%).

Leiders. De constructie van Noord-Europa in de jaren 1980 bestond uit: Verenigd Koninkrijk (65,6%), Zweden (12,1%), Finland (7,5%), Denemarken (5,9%), Noorwegen (5,5%), en andere (3,5%). Het aandeel van de constructie in economie van de leiders: Finland (7,5%), Verenigd Koninkrijk (6,7%), Zweden (5,8%), Denemarken (5,4%) en Noorwegen (5,2%). De sector van de constructie per hoofd in Noord-Europa onder de leiders: Finland ($961,3), Zweden ($912,1), Noorwegen ($829,0), Verenigd Koninkrijk ($732,7) en Denemarken ($724,8). De groei van de constructie onder de leiders: Verenigd Koninkrijk (3,4%), Finland (3,2%), Zweden (2,6%), Noorwegen (2,3%) en Denemarken (2,2%).

de jaren 1990

De toegevoegde waarde van de constructie in Noord-Europa bedroeg in de jaren 1990 US$104,8 miljard per jaar. Het aandeel in de wereld was 6,6%, en 18,9% in Europa.

Het aandeel van de constructie in de economie van Noord-Europa was 5,4% in de jaren 1990, en was vergelijkbaar met Italië (5,5%), Gambia (5,5%), de Caraïben (5,5%).

De bouw per hoofd in Noord-Europa was $1.128,5 in de jaren 1990s, en was vergelijkbaar met Noord-Amerika (US$1.128,2), de Verenigde Staten (US$1.131,2), Noorwegen (US$1.143,1). De toegevoegde waarde van de constructie per hoofd in Noord-Europa was in 4,1 keer hoger dan de constructie per hoofd van de bevolking in de wereld ($278,6), en was 48,3% hoger dan de constructie per hoofd van de bevolking in Europa ($278,6).

De groei van de constructie in Noord-Europa bedroeg -0.1% in de jaren 1990. De groei van de constructie in Noord-Europa (-0,10%) was minder dan de groei van de constructie in de wereld (0,71%), was groter dan de groei van de constructie in Europa (-1,7%).

Vergelijking met subregio's. De constructie van Noord-Europa was groter dan in Oost-Europa (US$58,7 miljard); maar minder dan in West-Europa (US$259,5 miljard) en in Zuid-Europa (US$129,8 miljard). De waarde van de constructie per hoofd in Noord-Europa was in Noord-Europa groter dan in Zuid-Europa (US$900,9) en in Oost-Europa (US$190,2); maar minder dan in West-Europa (US$1.434,5). De groei van de constructie in Noord-Europa was groter dan in West-Europa (-0,19%) en in Oost-Europa (-9,8%); maar minder dan in Zuid-Europa (0,30%).

Leiders. De sector van de constructie in Noord-Europa in de jaren 1990 bestond uit: Verenigd Koninkrijk (66,6%), Zweden (10,8%), Denemarken (6,5%), Finland (6,1%), Noorwegen (4,8%), en andere (5,3%). Het aandeel van de constructie in economie van de leiders: Finland (6,0%), Verenigd Koninkrijk (5,6%), Zweden (4,9%), Denemarken (4,8%) en Noorwegen (4,0%). De toegevoegde waarde van de constructie per hoofd in Noord-Europa onder de leiders: Denemarken ($1.301,7), Zweden ($1.285,0), Finland ($1.258,2), Verenigd Koninkrijk ($1.205,1) en Noorwegen ($1.143,1). De groei van de constructie onder de leiders: Noorwegen (1,4%), Denemarken (0,080%), Verenigd Koninkrijk (-0,34%), Zweden (-0,87%) en Finland (-3,0%).

de jaren 2000

De toegevoegde waarde van de constructie in Noord-Europa bedroeg in de jaren 2000 US$203,5 miljard per jaar. Het aandeel in de wereld was 8,2%, en 24,3% in Europa.

Het aandeel van de constructie in de economie van Noord-Europa was 6,2% in de jaren 2000, en was vergelijkbaar met Barbados (6,1%), Canada (6,2%), Micronesië (6,2%).

De sector van de constructie per hoofd in Noord-Europa was $2.116,0 in de jaren 2000s, en was vergelijkbaar met Japan (US$2,1 duizend), Finland (US$2,1 duizend), Groenland (US$2,1 duizend). De waarde van de constructie per hoofd in Noord-Europa was in 5,5 keer hoger dan de constructie per hoofd van de bevolking in de wereld ($381,3), en was 84,4% hoger dan de constructie per hoofd van de bevolking in Europa ($381,3).

De groei van de constructie in Noord-Europa bedroeg 0.7% in de jaren 2000. De groei van de constructie in Noord-Europa (0,70%) was minder dan de groei van de constructie in de wereld (1,5%), was minder dan de groei van de constructie in Europa (0,97%).

Vergelijking met subregio's. De sector van de constructie in Noord-Europa was groter dan in Oost-Europa (US$94,8 miljard); maar minder dan in West-Europa (US$301,9 miljard) en in Zuid-Europa (US$238,5 miljard). De constructie per hoofd in Noord-Europa was in

Noord-Europa groter dan in West-Europa (US$1.612,8), in Zuid-Europa (US$1.601,6) en in Oost-Europa (US$317,4). De groei van de constructie in Noord-Europa was groter dan in West-Europa (-0,44%); maar minder dan in Oost-Europa (5,6%) en in Zuid-Europa (1,3%).

Leiders. De constructie van Noord-Europa in de jaren 2000 bestond uit: Verenigd Koninkrijk (64,9%), Zweden (8,3%), Ierland (6,5%), Noorwegen (6,4%), Denemarken (5,8%), en andere (8,1%). Het aandeel van de constructie in economie van de leiders: Ierland (7,7%), Verenigd Koninkrijk (6,3%), Denemarken (5,5%), Zweden (5,1%) en Noorwegen (5,0%). De bouw per hoofd in Noord-Europa onder de leiders: Ierland ($3.199,6), Noorwegen ($2.802,8), Denemarken ($2.190,1), Verenigd Koninkrijk ($2.186,4) en Zweden ($1.860,0). De groei van de constructie onder de leiders: Zweden (2,7%), Noorwegen (2,4%), Ierland (0,48%), Verenigd Koninkrijk (0,17%) en Denemarken (-0,14%).

de jaren 2010

De waarde van de constructie in Noord-Europa bedroeg in de jaren 2010 US$249,3 miljard per jaar. Het aandeel in de wereld was 5,9%, en 23,7% in Europa.

Het aandeel van de constructie in de economie van Noord-Europa was 5,9% in de jaren 2010, en was vergelijkbaar met Palestina (5,9%), Tsjechië (5,9%), El Salvador (5,8%).

De toegevoegde waarde van de constructie per hoofd in Noord-Europa was $2.422,4 in de jaren 2010s, en was vergelijkbaar met Andorra (US$2,5 duizend), Singapore (US$2,4 duizend), Nieuw-Zeeland (US$2,4 duizend). De waarde van de constructie per hoofd in Noord-Europa was in 4,2 keer hoger dan de constructie per hoofd van de bevolking in de wereld ($572,1), en was 71,1% hoger dan de constructie per hoofd van de bevolking in Europa ($572,1).

De groei van de constructie in Noord-Europa bedroeg 2.7% in de jaren 2010, en was vergelijkbaar met Somalië (2,7%). De groei van de constructie in Noord-Europa (2,7%) was minder dan de groei van de constructie in de wereld (2,9%), was groter dan de groei van de constructie in Europa (0,50%).

Vergelijking met subregio's. De waarde van de constructie in Noord-Europa was 26,0% groter dan in Oost-Europa (US$197,9 miljard) en 29,1% groter dan in Zuid-Europa (US$193,0 miljard); maar 39,7% minder dan in West-Europa (US$413,1 miljard). De constructie per hoofd in Noord-Europa was in Noord-Europa13,7% groter dan in West-Europa (US$2,1 duizend), 91,9% groter dan in Zuid-Europa (US$1.262,0) en 3,6 keer groter dan in Oost-Europa (US$672,3). De groei van de constructie in Noord-Europa was groter dan in Oost-Europa (1,3%), in West-Europa (0,72%) en in Zuid-Europa (-3,3%).

Leiders. De sector van de constructie in Noord-Europa in de jaren 2010 bestond uit: Verenigd Koninkrijk (61,2%), Zweden (11,9%), Noorwegen (9,7%), Finland (6,2%), Denemarken (5,9%), en andere (5,1%). Het aandeel van de constructie in economie van de leiders: Finland (6,8%), Verenigd Koninkrijk (6,2%), Zweden (6,2%), Noorwegen (6,1%) en Denemarken (5,1%). De waarde van de constructie per hoofd in Noord-Europa onder de leiders: Noorwegen ($4.669,6), Zweden ($3.056,8), Finland ($2.821,2), Denemarken ($2.596,8) en Verenigd Koninkrijk ($2.326,0). De groei van de constructie onder de leiders: Verenigd Koninkrijk (2,9%), Denemarken (2,7%), Noorwegen (2,7%), Zweden (2,2%) en Finland (1,1%).

Hoofdstuk VII. Vervoer

Transport, opslag en communicatie (ISIC I)

De waarde van het transport in Noord-Europa steeg van US$40,0 miljard per jaar in de jaren 1970 tot US$460,8 miljard per jaar in de jaren 2010, dat wil zeggen met US$420,8 miljard of 11,5 keer. De verandering vond plaats op US$305,9 miljard als gevolg van een 3,0-voudige stijging van de prijzen, en ook op US$104,3 miljard als gevolg van een 3,1-voudige toename van de productiviteit , evenals op US$10,6 miljard als gevolg van de toename van de bevolking. De gemiddelde jaarlijkse groei van het transport is 3,4%. De minimumwaarde van het transport bedroeg US$21,2 miljard in 1970. De maximumwaarde van het transport bedroeg US$499,9 miljard in 2019.

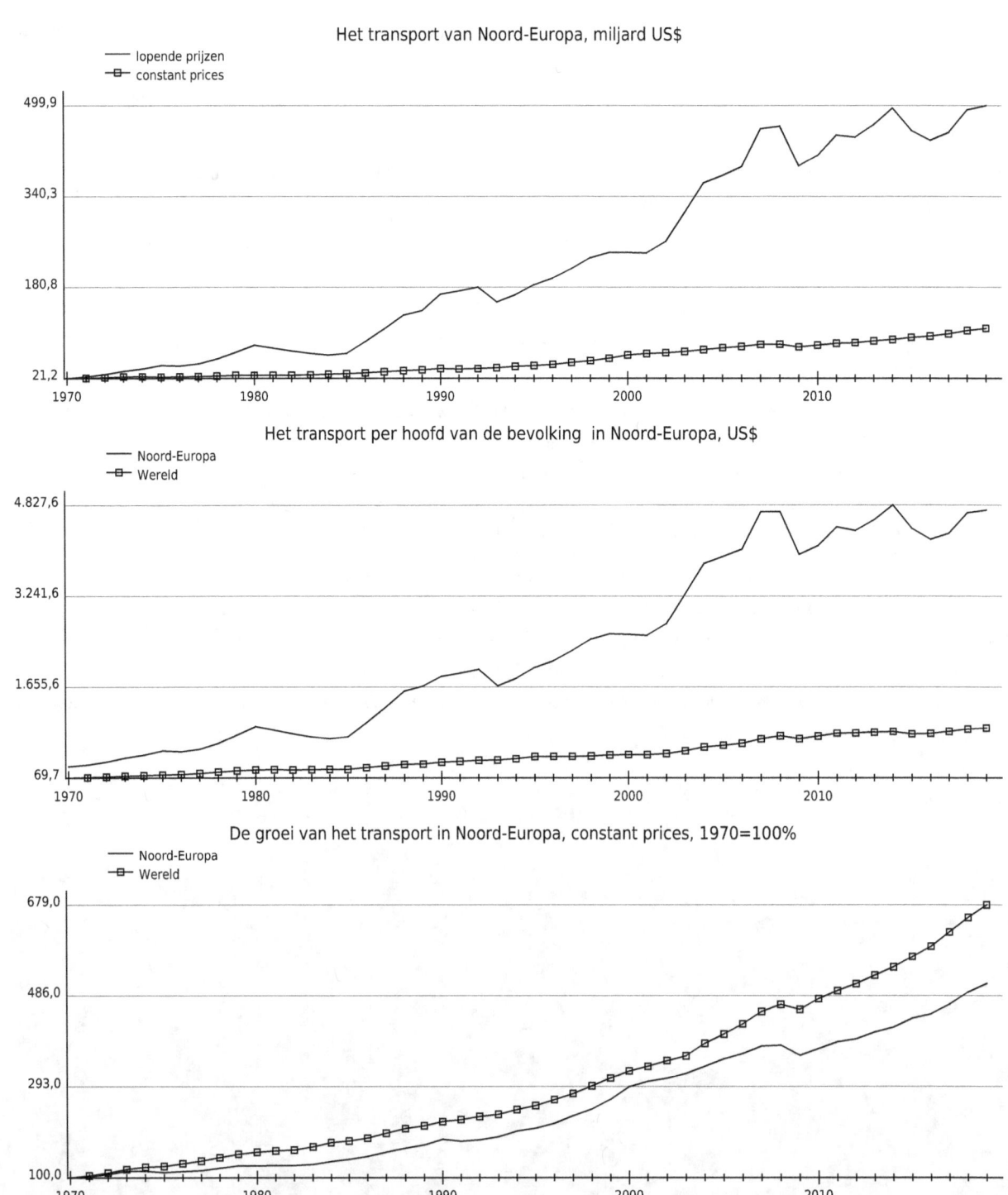

Het transport van Noord-Europa, miljard US$

Het transport per hoofd van de bevolking in Noord-Europa, US$

De groei van het transport in Noord-Europa, constant prices, 1970=100%

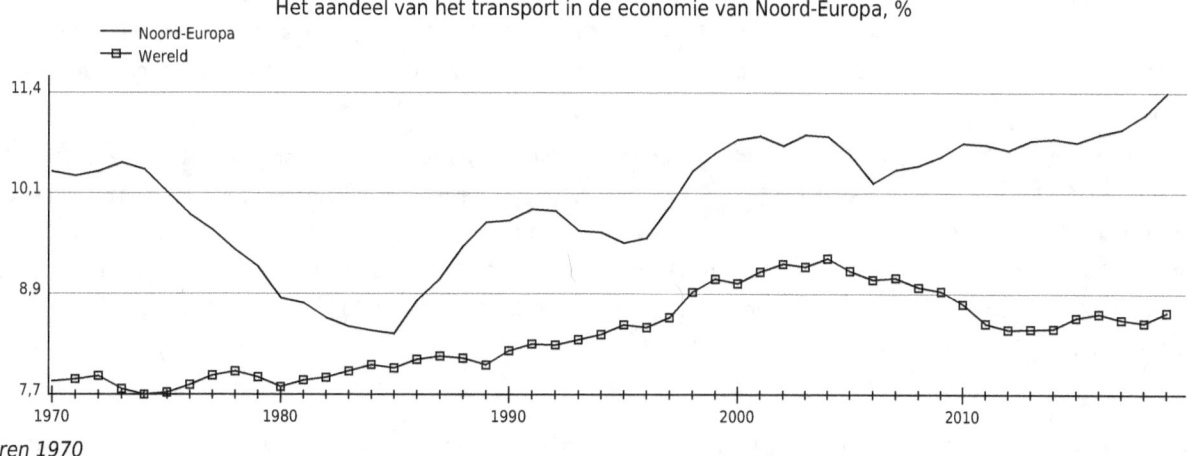

Het aandeel van het transport in de economie van Noord-Europa, %

de jaren 1970

Het transport van Noord-Europa bedroeg in de jaren 1970 US$40,0 miljard per jaar. Het aandeel in de wereld was 8,1%, en 22,2% in Europa.

Het aandeel van het transport in de economie van Noord-Europa was 9,9% in de jaren 1970, en was vergelijkbaar met Djibouti (9,9%), Zuidelijk Afrika (9,9%), de Verenigde Staten (9,9%).

De waarde van het transport per hoofd in Noord-Europa was $492,2 in de jaren 1970s, en was vergelijkbaar met de Nederland (US$503,4). De toegevoegde waarde van het transport per hoofd in Noord-Europa was in 4,0 keer hoger dan het transport per hoofd van de bevolking in de wereld ($122,3), en was 98,3% hoger dan het transport per hoofd van de bevolking in Europa ($122,3).

De groei van het transport in Noord-Europa bedroeg 2.5% in de jaren 1970, en was vergelijkbaar met Oost-Afrika (2,5%). De groei van het transport in Noord-Europa (2,5%) was minder dan de groei van het transport in de wereld (4,6%), was minder dan de groei van het transport in Europa (4,3%).

Vergelijking met subregio's. Het transport van Noord-Europa was groter dan in Oost-Europa (US$36,5 miljard) en in Zuid-Europa (US$29,3 miljard); maar minder dan in West-Europa (US$74,3 miljard). De waarde van het transport per hoofd in Noord-Europa was in Noord-Europa groter dan in West-Europa (US$437,2), in Zuid-Europa (US$221,0) en in Oost-Europa (US$106,8). De groei van het transport in Noord-Europa was minder dan in Oost-Europa (7,3%), in Zuid-Europa (5,4%) en in West-Europa (3,0%).

Leiders. Het transport van Noord-Europa in de jaren 1970 bestond uit: Verenigd Koninkrijk (58,6%), Zweden (17,6%), Noorwegen (8,7%), Denemarken (6,8%), Finland (5,5%), en andere (2,9%). Het aandeel van het transport in economie van de leiders: Noorwegen (13,0%), Zweden (10,9%), Verenigd Koninkrijk (9,5%), Finland (9,5%) en Denemarken (7,9%). De toegevoegde waarde van het transport per hoofd in Noord-Europa onder de leiders: Noorwegen ($869,4), Zweden ($861,2), Denemarken ($537,8), Finland ($465,3) en Verenigd Koninkrijk ($418,1). De groei van het transport onder de leiders: Noorwegen (4,6%), Zweden (4,4%), Finland (4,0%), Verenigd Koninkrijk (1,9%) en Denemarken (1,2%).

de jaren 1980

De sector van het transport in Noord-Europa bedroeg in de jaren 1980 US$88,0 miljard per jaar. Het aandeel in de wereld was 7,5%, en 23,2% in Europa.

Het aandeel van het transport in de economie van Noord-Europa was 9,0% in de jaren 1980, en was vergelijkbaar met Liechtenstein (9,0%), Zwitserland (9,0%), Australazië (9,0%).

De sector van het transport per hoofd in Noord-Europa was $1.063,5 in de jaren 1980s. Het transport per hoofd in Noord-Europa was in 4,4 keer hoger dan het transport per hoofd van de bevolking in de wereld ($242,0), en was in 2,2 keer hoger dan het transport per hoofd van de bevolking in Europa ($242,0).

De groei van het transport in Noord-Europa bedroeg 3% in de jaren 1980, en was vergelijkbaar met Mali (3,0%), Groenland (3,1%). De groei van het transport in Noord-Europa (3,0%) was minder dan de groei van het transport in de wereld (3,4%), was groter dan de groei van het transport in Europa (2,8%).

Vergelijking met subregio's. De sector van het transport in Noord-Europa was groter dan in Zuid-Europa (US$80,5 miljard) en in

Oost-Europa (US$53,9 miljard); maar minder dan in West-Europa (US$157,2 miljard). De sector van het transport per hoofd in Noord-Europa was in Noord-Europa groter dan in West-Europa (US$906,4), in Zuid-Europa (US$569,9) en in Oost-Europa (US$145,6). De groei van het transport in Noord-Europa was groter dan in West-Europa (3,0%) en in Oost-Europa (1,8%); maar minder dan in Zuid-Europa (3,3%).

Leiders. De waarde van het transport in Noord-Europa in de jaren 1980 bestond uit: Verenigd Koninkrijk (60,2%), Zweden (14,7%), Noorwegen (8,2%), Finland (7,0%), Denemarken (6,7%), en andere (3,1%). Het aandeel van het transport in economie van de leiders: Noorwegen (10,8%), Finland (9,9%), Zweden (9,8%), Denemarken (8,6%) en Verenigd Koninkrijk (8,5%). De sector van het transport per hoofd in Noord-Europa onder de leiders: Noorwegen ($1.735,9), Zweden ($1.544,6), Finland ($1.262,5), Denemarken ($1.154,9) en Verenigd Koninkrijk ($938,7). De groei van het transport onder de leiders: Zweden (4,1%), Finland (3,7%), Verenigd Koninkrijk (3,0%), Noorwegen (2,8%) en Denemarken (2,3%).

de jaren 1990

De waarde van het transport in Noord-Europa bedroeg in de jaren 1990 US$191,6 miljard per jaar. Het aandeel in de wereld was 8,2%, en 24,4% in Europa.

Het aandeel van het transport in de economie van Noord-Europa was 9,9% in de jaren 1990, en was vergelijkbaar met Nieuw-Zeeland (9,9%), Azerbeidzjan (9,9%), Egypte (9,9%).

Het vervoer per hoofd in Noord-Europa was $2.064,0 in de jaren 1990s, en was vergelijkbaar met België (US$2,1 duizend), Oostenrijk (US$2,1 duizend), de Nederland (US$2,0 duizend). De waarde van het transport per hoofd in Noord-Europa was in 5,0 keer hoger dan het transport per hoofd van de bevolking in de wereld ($409,5), en was 91,1% hoger dan het transport per hoofd van de bevolking in Europa ($409,5).

De groei van het transport in Noord-Europa bedroeg 4.6% in de jaren 1990, en was vergelijkbaar met Bangladesh (4,6%), Australië (4,6%), Oceanië (4,7%). De groei van het transport in Noord-Europa (4,6%) was groter dan de groei van het transport in de wereld (4,0%), was groter dan de groei van het transport in Europa (2,4%).

Vergelijking met subregio's. De waarde van het transport in Noord-Europa was groter dan in Zuid-Europa (US$166,1 miljard) en in Oost-Europa (US$68,1 miljard); maar minder dan in West-Europa (US$359,1 miljard). De waarde van het transport per hoofd in Noord-Europa was in Noord-Europa groter dan in West-Europa (US$1.984,9), in Zuid-Europa (US$1.152,7) en in Oost-Europa (US$220,5). De groei van het transport in Noord-Europa was groter dan in West-Europa (3,8%), in Zuid-Europa (3,2%) en in Oost-Europa (-4,6%).

Leiders. De toegevoegde waarde van het transport in Noord-Europa in de jaren 1990 bestond uit: Verenigd Koninkrijk (61,4%), Zweden (12,8%), Noorwegen (7,8%), Denemarken (7,2%), Finland (5,8%), en andere (5,0%). Het aandeel van het transport in economie van de leiders: Noorwegen (12,0%), Zweden (10,7%), Finland (10,3%), Denemarken (9,8%) en Verenigd Koninkrijk (9,5%). De waarde van het transport per hoofd in Noord-Europa onder de leiders: Noorwegen ($3.413,7), Zweden ($2.796,5), Denemarken ($2.640,6), Finland ($2.184,0) en Verenigd Koninkrijk ($2.031,3). De groei van het transport onder de leiders: Verenigd Koninkrijk (4,7%), Noorwegen (4,4%), Denemarken (4,1%), Finland (3,3%) en Zweden (3,1%).

de jaren 2000

De toegevoegde waarde van het transport in Noord-Europa bedroeg in de jaren 2000 US$350,7 miljard per jaar. Het aandeel in de wereld was 8,7%, en 25,9% in Europa.

Het aandeel van het transport in de economie van Noord-Europa was 10,6% in de jaren 2000, en was vergelijkbaar met Centraal-Azië (10,6%), Kiribati (10,6%), Moldavië (10,6%).

De waarde van het transport per hoofd in Noord-Europa was $3.646,3 in de jaren 2000s, en was vergelijkbaar met Japan (US$3,7 duizend), de Britse Maagdeneilanden (US$3,6 duizend), het Verenigd Koninkrijk (US$3,6 duizend). De sector van het transport per hoofd in Noord-Europa was in 5,9 keer hoger dan het transport per hoofd van de bevolking in de wereld ($621,1), en was 97,1% hoger dan het transport per hoofd van de bevolking in Europa ($621,1).

De groei van het transport in Noord-Europa bedroeg 3.1% in de jaren 2000, en was vergelijkbaar met Noord-Amerika (3,1%), Gabon (3,1%), de Verenigde Staten (3,1%). De groei van het transport in Noord-Europa (3,1%) was minder dan de groei van het transport in de wereld (3,9%), was minder dan de groei van het transport in Europa (3,1%).

Vergelijking met subregio's. De waarde van het transport in Noord-Europa was groter dan in Zuid-Europa (US$286,1 miljard) en in Oost-Europa (US$148,6 miljard); maar minder dan in West-Europa (US$566,9 miljard). De sector van het transport per hoofd in Noord-Europa was in Noord-Europa groter dan in West-Europa (US$3,0 duizend), in Zuid-Europa (US$1.921,0) en in Oost-Europa (US$497,7). De groei van het transport in Noord-Europa was groter dan in West-Europa (2,9%) en in Zuid-Europa (2,8%); maar minder dan in Oost-Europa (4,4%).

Leiders. Het vervoer van Noord-Europa in de jaren 2000 bestond uit: Verenigd Koninkrijk (61,6%), Zweden (11,6%), Noorwegen (7,5%), Denemarken (6,5%), Finland (5,3%), en andere (7,6%). Het aandeel van het transport in economie van de leiders: Zweden (12,3%), Finland (10,7%), Denemarken (10,5%), Verenigd Koninkrijk (10,3%) en Noorwegen (10,0%). Het transport per hoofd in Noord-Europa onder de leiders: Noorwegen ($5.651,5), Zweden ($4.488,2), Denemarken ($4.194,7), Verenigd Koninkrijk ($3.572,9) en Finland ($3.517,3). De groei van het transport onder de leiders: Zweden (3,5%), Verenigd Koninkrijk (3,1%), Denemarken (2,0%), Finland (1,8%) en Noorwegen (1,3%).

de jaren 2010

De waarde van het transport in Noord-Europa bedroeg in de jaren 2010 US$460,8 miljard per jaar, en was vergelijkbaar met China (US$464,2 miljard). Het aandeel in de wereld was 7,3%, en 25,6% in Europa.

Het aandeel van het transport in de economie van Noord-Europa was 10,9% in de jaren 2010, en was vergelijkbaar met Slowakije (10,9%), Samoa (10,9%), de Maldiven (10,9%).

Het vervoer per hoofd in Noord-Europa was $4.478,9 in de jaren 2010s, en was vergelijkbaar met Australië (US$4,4 duizend). De toegevoegde waarde van het transport per hoofd in Noord-Europa was in 5,2 keer hoger dan het transport per hoofd van de bevolking in de wereld ($864,8), en was 84,9% hoger dan het transport per hoofd van de bevolking in Europa ($864,8).

De groei van het transport in Noord-Europa bedroeg 3.6% in de jaren 2010, en was vergelijkbaar met Kirgizië (3,6%). De groei van het transport in Noord-Europa (3,6%) was minder dan de groei van het transport in de wereld (4,0%), was groter dan de groei van het transport in Europa (2,6%).

Vergelijking met subregio's. Het transport van Noord-Europa was 39,5% groter dan in Zuid-Europa (US$330,3 miljard) en 74,7% groter dan in Oost-Europa (US$263,8 miljard); maar 38,3% minder dan in West-Europa (US$747,3 miljard). De waarde van het transport per hoofd in Noord-Europa was in Noord-Europa16,2% groter dan in West-Europa (US$3,9 duizend), 2,1 keer groter dan in Zuid-Europa (US$2,2 duizend) en 5,0 keer groter dan in Oost-Europa (US$896,5). De groei van het transport in Noord-Europa was groter dan in Oost-Europa (3,5%), in West-Europa (2,5%) en in Zuid-Europa (0,89%).

Leiders. De waarde van het transport in Noord-Europa in de jaren 2010 bestond uit: Verenigd Koninkrijk (55,9%), Zweden (13,4%), Ierland (8,0%), Noorwegen (8,0%), Denemarken (6,3%), en andere (8,4%). Het aandeel van het transport in economie van de leiders: Ierland (13,8%), Zweden (12,8%), Verenigd Koninkrijk (10,4%), Denemarken (10,0%) en Noorwegen (9,3%). De waarde van het transport per hoofd in Noord-Europa onder de leiders: Ierland ($7.926,9), Noorwegen ($7.135,8), Zweden ($6.338,9), Denemarken ($5.133,8) en Verenigd Koninkrijk ($3.929,2). De groei van het transport onder de leiders: Ierland (10,8%), Zweden (3,9%), Denemarken (3,2%), Verenigd Koninkrijk (2,8%) en Noorwegen (2,1%).

Hoofdstuk VIII. Handel

Groothandel, detailhandel, restaurants en hotels (ISIC G-H)

De handel van Noord-Europa steeg van US$54,7 miljard per jaar in de jaren 1970 tot US$539,6 miljard per jaar in de jaren 2010, dat wil zeggen met US$484,9 miljard of 9,9 keer. De verandering vond plaats op US$396,8 miljard als gevolg van een 3,8-voudige stijging van de prijzen, en ook op US$73,6 miljard als gevolg van een 2,1-voudige toename van de productiviteit , evenals op US$14,5 miljard als gevolg van de toename van de bevolking. De gemiddelde jaarlijkse groei van de handel is 2,5%. De minimumwaarde van de handel bedroeg US$28,4 miljard in 1970. De maximumwaarde van de handel bedroeg US$586,3 miljard in 2014.

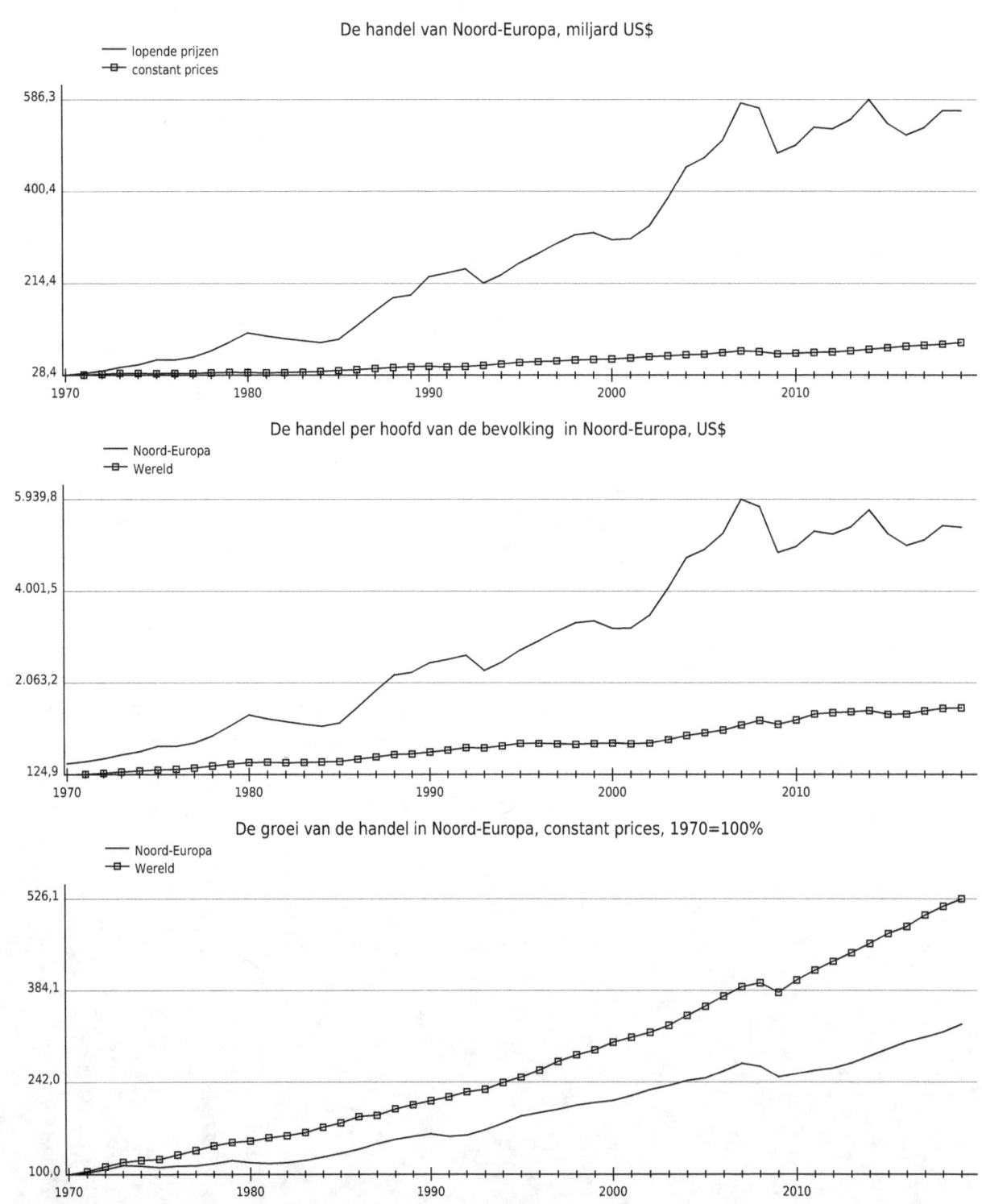

De handel van Noord-Europa, miljard US$

De handel per hoofd van de bevolking in Noord-Europa, US$

De groei van de handel in Noord-Europa, constant prices, 1970=100%

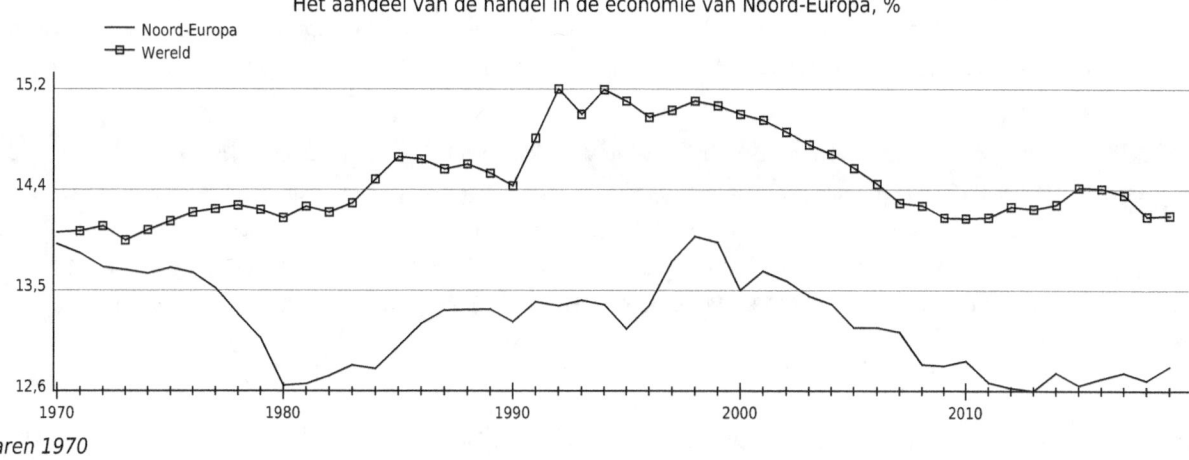

Het aandeel van de handel in de economie van Noord-Europa, %

de jaren 1970

De handel van Noord-Europa bedroeg in de jaren 1970 US$54,7 miljard per jaar. Het aandeel in de wereld was 6,1%, en 16,7% in Europa.

Het aandeel van de handel in de economie van Noord-Europa was 13,5% in de jaren 1970, en was vergelijkbaar met Sierra Leone (13,5%), Zuid-Afrika (13,4%), Paraguay (13,4%).

De handel per hoofd in Noord-Europa was $672,7 in de jaren 1970s, en was vergelijkbaar met Griekenland (US$678,5). De handel per hoofd in Noord-Europa was in 3,0 keer hoger dan de handel per hoofd van de bevolking in de wereld ($221,0), en was 49,5% hoger dan de handel per hoofd van de bevolking in Europa ($221,0).

De groei van de handel in Noord-Europa bedroeg 2.1% in de jaren 1970. De groei van de handel in Noord-Europa (2,1%) was minder dan de groei van de handel in de wereld (4,5%), was minder dan de groei van de handel in Europa (3,6%).

Vergelijking met subregio's. De sector van de handel in Noord-Europa was minder dan in West-Europa (US$138,3 miljard), in Oost-Europa (US$72,7 miljard) en in Zuid-Europa (US$60,9 miljard). De sector van de handel per hoofd in Noord-Europa was in Noord-Europa groter dan in Zuid-Europa (US$459,1) en in Oost-Europa (US$212,7); maar minder dan in West-Europa (US$813,5). De groei van de handel in Noord-Europa was minder dan in Oost-Europa (5,5%), in Zuid-Europa (4,5%) en in West-Europa (3,1%).

Leiders. De toegevoegde waarde van de handel in Noord-Europa in de jaren 1970 bestond uit: Verenigd Koninkrijk (59,8%), Zweden (13,7%), Denemarken (10,9%), Noorwegen (7,6%), Finland (5,2%), en andere (2,7%). Het aandeel van de handel in economie van de leiders: Denemarken (17,4%), Noorwegen (15,6%), Verenigd Koninkrijk (13,3%), Finland (12,3%) en Zweden (11,6%). De sector van de handel per hoofd in Noord-Europa onder de leiders: Denemarken ($1.184,7), Noorwegen ($1.045,8), Zweden ($913,8), Finland ($603,5) en Verenigd Koninkrijk ($584,0). De groei van de handel onder de leiders: Finland (3,4%), Noorwegen (2,8%), Denemarken (2,2%), Zweden (2,0%) en Verenigd Koninkrijk (1,9%).

de jaren 1980

De toegevoegde waarde van de handel in Noord-Europa bedroeg in de jaren 1980 US$128,0 miljard per jaar, en was vergelijkbaar met Oost-Europa (US$130,6 miljard). Het aandeel in de wereld was 6,0%, en 18,1% in Europa.

Het aandeel van de handel in de economie van Noord-Europa was 13,1% in de jaren 1980, en was vergelijkbaar met het Verenigd Koninkrijk (13,1%), de FS van Micronesië (13,2%), Nepal (13,0%).

De sector van de handel per hoofd in Noord-Europa was $1.546,7 in de jaren 1980s, en was vergelijkbaar met Australië (US$1.531,2), Frankrijk (US$1.563,0), Barbados (US$1.580,8). De sector van de handel per hoofd in Noord-Europa was in 3,5 keer hoger dan de handel per hoofd van de bevolking in de wereld ($437,7), en was 67,9% hoger dan de handel per hoofd van de bevolking in Europa ($437,7).

De groei van de handel in Noord-Europa bedroeg 2.7% in de jaren 1980, en was vergelijkbaar met Afrika (2,7%), Australië (2,7%). De groei van de handel in Noord-Europa (2,7%) was minder dan de groei van de handel in de wereld (3,3%), was groter dan de groei van de handel in Europa (1,9%).

Vergelijking met subregio's. De toegevoegde waarde van de handel in Noord-Europa was minder dan in West-Europa (US$283,2 miljard), in Zuid-Europa (US$165,5 miljard) en in Oost-Europa (US$130,6 miljard). De toegevoegde waarde van de handel per hoofd in Noord-Europa was in Noord-Europa groter dan in Zuid-Europa (US$1.171,5) en in Oost-Europa (US$352,7); maar minder dan in West-Europa (US$1.633,0). De groei van de handel in Noord-Europa was groter dan in West-Europa (2,1%), in Zuid-Europa (1,7%) en in Oost-Europa (0,27%).

Leiders. De handel van Noord-Europa in de jaren 1980 bestond uit: Verenigd Koninkrijk (63,7%), Zweden (11,9%), Denemarken (8,1%), Noorwegen (7,0%), Finland (6,3%), en andere (3,1%). Het aandeel van de handel in economie van de leiders: Denemarken (15,0%), Noorwegen (13,4%), Verenigd Koninkrijk (13,1%), Finland (12,9%) en Zweden (11,5%). De handel per hoofd in Noord-Europa onder de leiders: Noorwegen ($2.155,6), Denemarken ($2.019,2), Zweden ($1.824,7), Finland ($1.641,9) en Verenigd Koninkrijk ($1.442,4). De groei van de handel onder de leiders: Finland (4,2%), Verenigd Koninkrijk (3,0%), Zweden (2,8%), Noorwegen (0,86%) en Denemarken (0,81%).

de jaren 1990

De handel van Noord-Europa bedroeg in de jaren 1990 US$260,7 miljard per jaar. Het aandeel in de wereld was 6,3%, en 20,0% in Europa.

Het aandeel van de handel in de economie van Noord-Europa was 13,5% in de jaren 1990, en was vergelijkbaar met West-Europa (13,5%), Dominica (13,5%), Oceanië (13,5%).

De sector van de handel per hoofd in Noord-Europa was $2.808,4 in de jaren 1990s. De toegevoegde waarde van de handel per hoofd in Noord-Europa was in 3,9 keer hoger dan de handel per hoofd van de bevolking in de wereld ($721,8), en was 56,2% hoger dan de handel per hoofd van de bevolking in Europa ($721,8).

De groei van de handel in Noord-Europa bedroeg 2.9% in de jaren 1990, en was vergelijkbaar met Malawi (2,9%), Oostenrijk (2,9%). De groei van de handel in Noord-Europa (2,9%) was minder dan de groei van de handel in de wereld (3,5%), was groter dan de groei van de handel in Europa (2,0%).

Vergelijking met subregio's. De toegevoegde waarde van de handel in Noord-Europa was groter dan in Oost-Europa (US$118,4 miljard); maar minder dan in West-Europa (US$585,9 miljard) en in Zuid-Europa (US$341,6 miljard). De toegevoegde waarde van de handel per hoofd in Noord-Europa was in Noord-Europa groter dan in Zuid-Europa (US$2,4 duizend) en in Oost-Europa (US$383,5); maar minder dan in West-Europa (US$3,2 duizend). De groei van de handel in Noord-Europa was groter dan in West-Europa (2,3%), in Zuid-Europa (1,8%) en in Oost-Europa (-0,33%).

Leiders. De waarde van de handel in Noord-Europa in de jaren 1990 bestond uit: Verenigd Koninkrijk (67,6%), Zweden (9,8%), Denemarken (7,8%), Noorwegen (5,7%), Finland (4,6%), en andere (4,5%). Het aandeel van de handel in economie van de leiders: Denemarken (14,5%), Verenigd Koninkrijk (14,2%), Noorwegen (11,9%), Finland (11,2%) en Zweden (11,1%). De sector van de handel per hoofd in Noord-Europa onder de leiders: Denemarken ($3.902,7), Noorwegen ($3.386,5), Verenigd Koninkrijk ($3.043,0), Zweden ($2.909,6) en Finland ($2.358,9). De groei van de handel onder de leiders: Noorwegen (4,3%), Denemarken (3,9%), Verenigd Koninkrijk (2,6%), Zweden (2,3%) en Finland (-0,21%).

de jaren 2000

De sector van de handel in Noord-Europa bedroeg in de jaren 2000 US$437,3 miljard per jaar. Het aandeel in de wereld was 6,8%, en 21,6% in Europa.

Het aandeel van de handel in de economie van Noord-Europa was 13,2% in de jaren 2000, en was vergelijkbaar met Centraal-Afrika (13,2%), Mozambique (13,3%), Kosovo (13,2%).

De sector van de handel per hoofd in Noord-Europa was $4.545,8 in de jaren 2000s, en was vergelijkbaar met België (US$4,6 duizend), Anguilla (US$4,5 duizend). De toegevoegde waarde van de handel per hoofd in Noord-Europa was in 4,6 keer hoger dan de handel per hoofd van de bevolking in de wereld ($990,3), en was 64,0% hoger dan de handel per hoofd van de bevolking in Europa ($990,3).

De groei van de handel in Noord-Europa bedroeg 1.7% in de jaren 2000, en was vergelijkbaar met Duitsland (1,7%), België (1,7%), Saint Lucia (1,7%). De groei van de handel in Noord-Europa (1,7%) was minder dan de groei van de handel in de wereld (2,7%), was minder dan de groei van de handel in Europa (2,2%).

Vergelijking met subregio's. De waarde van de handel in Noord-Europa was groter dan in Oost-Europa (US$263,3 miljard); maar minder dan in West-Europa (US$812,0 miljard) en in Zuid-Europa (US$513,0 miljard). De waarde van de handel per hoofd in

Noord-Europa was in Noord-Europa groter dan in West-Europa (US$4,3 duizend), in Zuid-Europa (US$3,4 duizend) en in Oost-Europa (US$881,6). De groei van de handel in Noord-Europa was groter dan in West-Europa (1,7%) en in Zuid-Europa (1,3%); maar minder dan in Oost-Europa (6,5%).

Leiders. De handel van Noord-Europa in de jaren 2000 bestond uit: Verenigd Koninkrijk (67,1%), Zweden (8,8%), Denemarken (6,8%), Noorwegen (5,7%), Ierland (4,8%), en andere (6,8%). Het aandeel van de handel in economie van de leiders: Verenigd Koninkrijk (14,0%), Denemarken (13,8%), Ierland (12,4%), Zweden (11,7%) en Noorwegen (9,5%). De waarde van de handel per hoofd in Noord-Europa onder de leiders: Denemarken ($5.489,3), Noorwegen ($5.337,7), Ierland ($5.113,8), Verenigd Koninkrijk ($4.856,7) en Zweden ($4.261,3). De groei van de handel onder de leiders: Zweden (3,8%), Noorwegen (3,3%), Verenigd Koninkrijk (1,3%), Denemarken (1,1%) en Ierland (0,82%).

de jaren 2010

De waarde van de handel in Noord-Europa bedroeg in de jaren 2010 US$539,6 miljard per jaar, en was vergelijkbaar met Zuid-Amerika (US$551,2 miljard). Het aandeel in de wereld was 5,1%, en 20,0% in Europa.

Het aandeel van de handel in de economie van Noord-Europa was 12,7% in de jaren 2010, en was vergelijkbaar met Burkina Faso (12,8%), Tsjechië (12,8%), Iran (12,7%).

De toegevoegde waarde van de handel per hoofd in Noord-Europa was $5.244,2 in de jaren 2010s, en was vergelijkbaar met de Cookeilanden (US$5,1 duizend). De handel per hoofd in Noord-Europa was in 3,6 keer hoger dan de handel per hoofd van de bevolking in de wereld ($1.436,8), en was 44,8% hoger dan de handel per hoofd van de bevolking in Europa ($1.436,8).

De groei van de handel in Noord-Europa bedroeg 2.9% in de jaren 2010, en was vergelijkbaar met Lesotho (2,8%), Centraal-Afrika (2,9%). De groei van de handel in Noord-Europa (2,9%) was minder dan de groei van de handel in de wereld (3,3%), was groter dan de groei van de handel in Europa (2,0%).

Vergelijking met subregio's. De handel van Noord-Europa was 13,9% groter dan in Oost-Europa (US$473,6 miljard); maar 49,3% minder dan in West-Europa (US$1,1 biljoen) en 12,6% minder dan in Zuid-Europa (US$617,3 miljard). De toegevoegde waarde van de handel per hoofd in Noord-Europa was in Noord-Europa30,0% groter dan in Zuid-Europa (US$4,0 duizend) en 3,3 keer groter dan in Oost-Europa (US$1.609,1); maar 4,4% minder dan in West-Europa (US$5,5 duizend). De groei van de handel in Noord-Europa was groter dan in Oost-Europa (2,4%), in West-Europa (1,8%) en in Zuid-Europa (1,4%).

Leiders. De handel van Noord-Europa in de jaren 2010 bestond uit: Verenigd Koninkrijk (61,2%), Zweden (11,1%), Denemarken (7,7%), Noorwegen (6,6%), Ierland (5,5%), en andere (7,9%). Het aandeel van de handel in economie van de leiders: Denemarken (14,4%), Verenigd Koninkrijk (13,4%), Zweden (12,5%), Ierland (11,1%) en Noorwegen (9,0%). De toegevoegde waarde van de handel per hoofd in Noord-Europa onder de leiders: Denemarken ($7.369,1), Noorwegen ($6.869,8), Ierland ($6.337,3), Zweden ($6.178,3) en Verenigd Koninkrijk ($5.030,4). De groei van de handel onder de leiders: Zweden (3,8%), Ierland (3,1%), Noorwegen (3,0%), Denemarken (2,8%) en Verenigd Koninkrijk (2,8%).

Hoofdstuk IX. Diensten

(ISIC J-P)

De waarde van de diensten in Noord-Europa steeg van US$150,5 miljard per jaar in de jaren 1970 tot US$2,2 biljoen per jaar in de jaren 2010, dat wil zeggen met US$2,0 biljoen of 14,3 keer. De verandering vond plaats op US$1,7 biljoen als gevolg van een 5,1-voudige stijging van de prijzen, en ook op US$228,4 miljard als gevolg van een 2,2-voudige toename van de productiviteit , evenals op US$40,1 miljard als gevolg van de toename van de bevolking. De gemiddelde jaarlijkse groei van de diensten is 2,6%. De minimumwaarde van de diensten bedroeg US$70,3 miljard in 1970. De maximumwaarde van de diensten bedroeg US$2,4 biljoen in 2014.

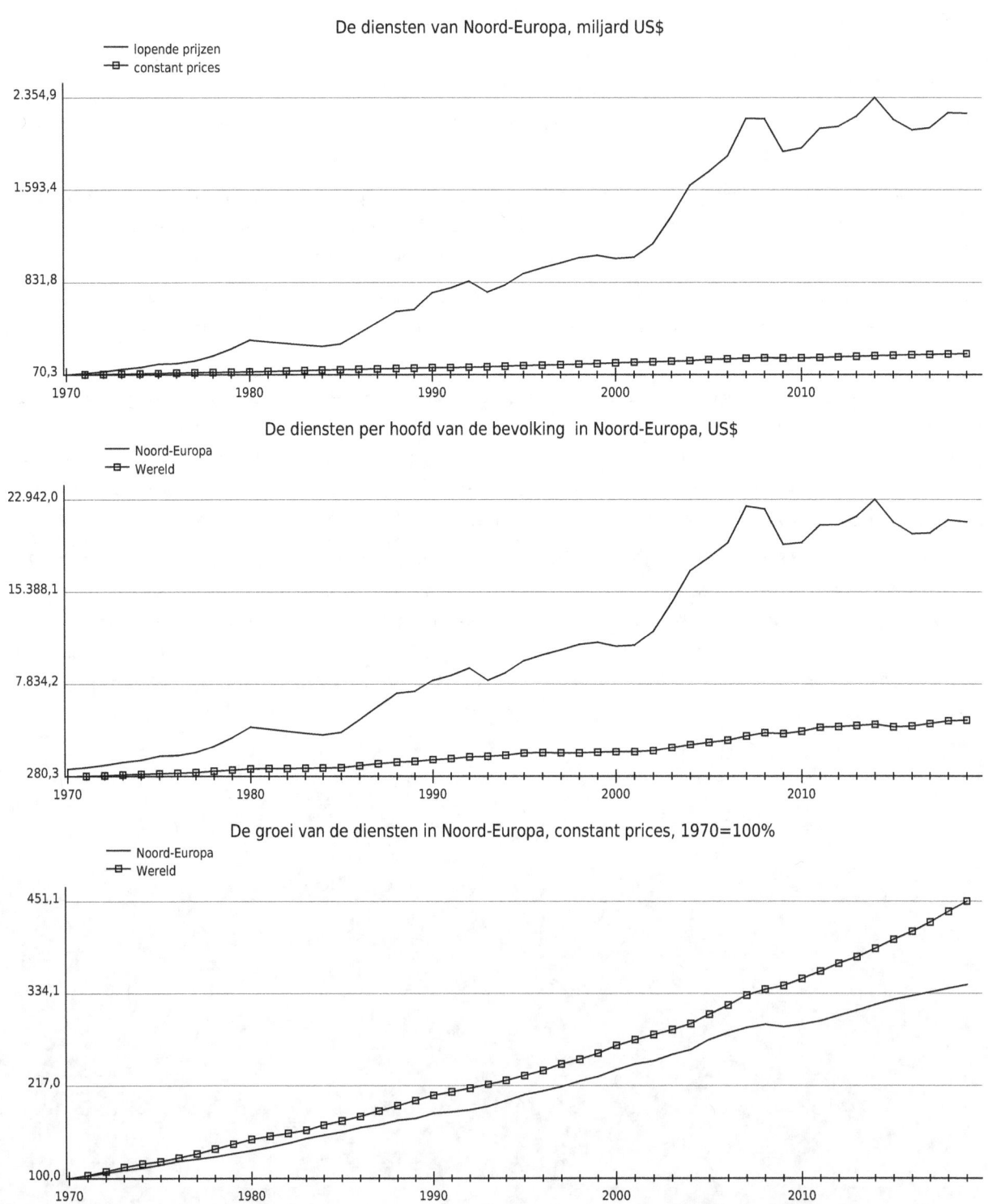

De diensten van Noord-Europa, miljard US$

De diensten per hoofd van de bevolking in Noord-Europa, US$

De groei van de diensten in Noord-Europa, constant prices, 1970=100%

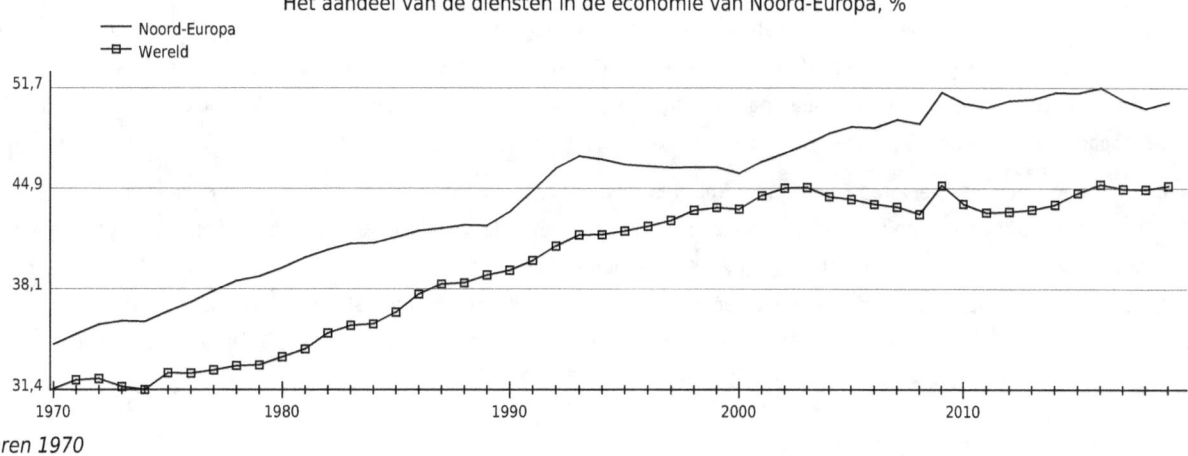

Het aandeel van de diensten in de economie van Noord-Europa, %

— Noord-Europa
—□— Wereld

de jaren 1970

De waarde van de diensten in Noord-Europa bedroeg in de jaren 1970 US$150,5 miljard per jaar, en was vergelijkbaar met Duitsland (US$150,2 miljard), Japan (US$153,8 miljard). Het aandeel in de wereld was 7,4%, en 18,4% in Europa.

Het aandeel van de diensten in de economie van Noord-Europa was 37,2% in de jaren 1970, en was vergelijkbaar met Australië (37,4%), Andorra (36,9%), Barbados (36,9%).

De diensten per hoofd in Noord-Europa waren $1.852,3 in de jaren 1970s, en waren vergelijkbaar met Oceanië (US$1.847,3), IJsland (US$1.820,1). De sector van de diensten per hoofd in Noord-Europa was in 3,7 keer hoger dan de diensten per hoofd van de bevolking in de wereld ($506,9), en was 63,9% hoger dan de diensten per hoofd van de bevolking in Europa ($506,9).

De groei van de diensten in Noord-Europa bedroeg 3.1% in de jaren 1970, en was vergelijkbaar met Zweden (3,0%), Papoea-Nieuw-Guinea (3,1%). De groei van de diensten in Noord-Europa (3,1%) was minder dan de groei van de diensten in de wereld (4,1%), was minder dan de groei van de diensten in Europa (3,7%).

Vergelijking met subregio's. De sector van de diensten in Noord-Europa was groter dan in Zuid-Europa (US$112,9 miljard); maar minder dan in West-Europa (US$360,3 miljard) en in Oost-Europa (US$196,0 miljard). De sector van de diensten per hoofd in Noord-Europa was in Noord-Europa groter dan in Zuid-Europa (US$852,0) en in Oost-Europa (US$573,9); maar minder dan in West-Europa (US$2,1 duizend). De groei van de diensten in Noord-Europa was minder dan in Zuid-Europa (4,0%), in West-Europa (4,0%) en in Oost-Europa (3,3%).

Leiders. De diensten van Noord-Europa in de jaren 1970 bestonden uit: Verenigd Koninkrijk (62,7%), Zweden (15,2%), Denemarken (9,6%), Noorwegen (6,0%), Finland (4,6%), en andere (1,9%). Het aandeel van de diensten in economie van de leiders: Denemarken (42,2%), Verenigd Koninkrijk (38,4%), Zweden (35,5%), Noorwegen (33,9%) en Finland (29,7%). De waarde van de diensten per hoofd in Noord-Europa onder de leiders: Denemarken ($2.875,5), Zweden ($2.798,6), Noorwegen ($2.273,8), Verenigd Koninkrijk ($1.684,4) en Finland ($1.460,1). De groei van de diensten onder de leiders: Finland (4,2%), Noorwegen (3,8%), Denemarken (3,3%), Zweden (3,0%) en Verenigd Koninkrijk (2,8%).

de jaren 1980

De waarde van de diensten in Noord-Europa bedroeg in de jaren 1980 US$407,1 miljard per jaar. Het aandeel in de wereld was 7,6%, en 21,7% in Europa.

Het aandeel van de diensten in de economie van Noord-Europa was 41,5% in de jaren 1980, en was vergelijkbaar met Jordanië (41,5%), Zweden (41,4%), Micronesië (41,3%).

De waarde van de diensten per hoofd in Noord-Europa was $4.920,7 in de jaren 1980s, en was vergelijkbaar met België (US$4,9 duizend), Australazië (US$4,9 duizend), Bahrein (US$4,9 duizend). De sector van de diensten per hoofd in Noord-Europa was in 4,4 keer hoger dan de diensten per hoofd van de bevolking in de wereld ($1.115,5), en was in 2,0 keer hoger dan de diensten per hoofd van de bevolking in Europa ($1.115,5).

De groei van de diensten in Noord-Europa bedroeg 3% in de jaren 1980, en was vergelijkbaar met Guinee (3,0%), Micronesië (3,0%), Israël (3,0%). De groei van de diensten in Noord-Europa (3,0%) was minder dan de groei van de diensten in de wereld (3,3%), was minder dan de groei van de diensten in Europa (3,0%).

Vergelijking met subregio's. De diensten van Noord-Europa waren groter dan in Zuid-Europa (US$321,6 miljard) en in Oost-Europa (US$281,0 miljard); maar minder dan in West-Europa (US$870,4 miljard). De diensten per hoofd in Noord-Europa waren in Noord-Europa groter dan in Zuid-Europa (US$2,3 duizend) en in Oost-Europa (US$759,1); maar minder dan in West-Europa (US$5,0 duizend). De groei van de diensten in Noord-Europa was groter dan in West-Europa (2,7%); maar minder dan in Oost-Europa (4,1%) en in Zuid-Europa (3,3%).

Leiders. De toegevoegde waarde van de diensten in Noord-Europa in de jaren 1980 bestond uit: Verenigd Koninkrijk (65,2%), Zweden (13,5%), Denemarken (7,7%), Noorwegen (5,9%), Finland (5,2%), en andere (2,4%). Het aandeel van de diensten in economie van de leiders: Denemarken (45,6%), Verenigd Koninkrijk (42,7%), Zweden (41,4%), Noorwegen (36,2%) en Finland (34,1%). De waarde van de diensten per hoofd in Noord-Europa onder de leiders: Zweden ($6.563,8), Denemarken ($6.140,8), Noorwegen ($5.811,5), Verenigd Koninkrijk ($4.700,6) en Finland ($4.351,9). De groei van de diensten onder de leiders: Finland (3,7%), Verenigd Koninkrijk (3,3%), Noorwegen (2,9%), Zweden (2,4%) en Denemarken (1,3%).

de jaren 1990

De toegevoegde waarde van de diensten in Noord-Europa bedroeg in de jaren 1990 US$887,6 miljard per jaar, en was vergelijkbaar met Duitsland (US$908,0 miljard). Het aandeel in de wereld was 7,7%, en 23,1% in Europa.

Het aandeel van de diensten in de economie van Noord-Europa was 46,0% in de jaren 1990, en was vergelijkbaar met België (46,0%), Duitsland (45,9%), Tuvalu (46,3%).

De sector van de diensten per hoofd in Noord-Europa was $9.562,0 in de jaren 1990s, en was vergelijkbaar met Frans-Polynesië (US$9,5 duizend). De toegevoegde waarde van de diensten per hoofd in Noord-Europa was in 4,7 keer hoger dan de diensten per hoofd van de bevolking in de wereld ($2.014,6), en was 80,9% hoger dan de diensten per hoofd van de bevolking in Europa ($2.014,6).

De groei van de diensten in Noord-Europa bedroeg 2.7% in de jaren 1990, en was vergelijkbaar met Honduras (2,7%), de Wereld (2,7%), Noorwegen (2,7%). De groei van de diensten in Noord-Europa (2,7%) was groter dan de groei van de diensten in de wereld (2,7%), was groter dan de groei van de diensten in Europa (2,1%).

Vergelijking met subregio's. De sector van de diensten in Noord-Europa was groter dan in Zuid-Europa (US$769,9 miljard) en in Oost-Europa (US$168,2 miljard); maar minder dan in West-Europa (US$2,0 biljoen). De diensten per hoofd in Noord-Europa waren in Noord-Europa groter dan in Zuid-Europa (US$5,3 duizend) en in Oost-Europa (US$544,5); maar minder dan in West-Europa (US$11,1 duizend). De groei van de diensten in Noord-Europa was groter dan in West-Europa (2,5%), in Zuid-Europa (1,6%) en in Oost-Europa (0,060%).

Leiders. De toegevoegde waarde van de diensten in Noord-Europa in de jaren 1990 bestond uit: Verenigd Koninkrijk (66,7%), Zweden (11,8%), Denemarken (7,4%), Noorwegen (5,5%), Finland (5,0%), en andere (3,5%). Het aandeel van de diensten in economie van de leiders: Verenigd Koninkrijk (47,8%), Denemarken (46,9%), Zweden (45,6%), Finland (41,1%) en Noorwegen (39,9%). De sector van de diensten per hoofd in Noord-Europa onder de leiders: Denemarken ($12.629,8), Zweden ($11.956,8), Noorwegen ($11.305,7), Verenigd Koninkrijk ($10.233,8) en Finland ($8.693,0). De groei van de diensten onder de leiders: Verenigd Koninkrijk (3,0%), Noorwegen (2,7%), Finland (1,6%), Denemarken (1,4%) en Zweden (0,64%).

de jaren 2000

De toegevoegde waarde van de diensten in Noord-Europa bedroeg in de jaren 2000 US$1,6 biljoen per jaar. Het aandeel in de wereld was 8,2%, en 25,1% in Europa.

Het aandeel van de diensten in de economie van Noord-Europa was 48,8% in de jaren 2000, en was vergelijkbaar met Duitsland (48,8%), België (48,9%), Tuvalu (49,0%).

De waarde van de diensten per hoofd in Noord-Europa was $16.762,5 in de jaren 2000s, en was vergelijkbaar met Zweden (US$16,9 duizend), Andorra (US$17,0 duizend). De waarde van de diensten per hoofd in Noord-Europa was in 5,6 keer hoger dan de diensten per hoofd van de bevolking in de wereld ($3.011,2), en was 90,8% hoger dan de diensten per hoofd van de bevolking in Europa ($3.011,2).

De groei van de diensten in Noord-Europa bedroeg 2.5% in de jaren 2000. De groei van de diensten in Noord-Europa (2,5%) was minder dan de groei van de diensten in de wereld (2,9%), was groter dan de groei van de diensten in Europa (2,0%).

Vergelijking met subregio's. De waarde van de diensten in Noord-Europa was groter dan in Zuid-Europa (US$1,4 biljoen) en in Oost-Europa (US$453,4 miljard); maar minder dan in West-Europa (US$3,0 biljoen). De diensten per hoofd in Noord-Europa waren in Noord-Europa groter dan in West-Europa (US$16,0 duizend), in Zuid-Europa (US$9,2 duizend) en in Oost-Europa (US$1.518,0). De groei van de diensten in Noord-Europa was groter dan in Zuid-Europa (2,2%) en in West-Europa (1,3%); maar minder dan in Oost-Europa (3,8%).

Leiders. De sector van de diensten in Noord-Europa in de jaren 2000 bestond uit: Verenigd Koninkrijk (67,5%), Zweden (9,5%), Denemarken (6,4%), Noorwegen (6,1%), Finland (4,5%), en andere (6,0%). Het aandeel van de diensten in economie van de leiders: Verenigd Koninkrijk (52,0%), Denemarken (48,1%), Zweden (46,1%), Finland (41,8%) en Noorwegen (37,7%). De waarde van de diensten per hoofd in Noord-Europa onder de leiders: Noorwegen ($21.273,6), Denemarken ($19.141,5), Verenigd Koninkrijk ($18.012,4), Zweden ($16.854,1) en Finland ($13.789,6). De groei van de diensten onder de leiders: Noorwegen (2,7%), Verenigd Koninkrijk (2,7%), Zweden (1,5%), Denemarken (1,5%) en Finland (1,2%).

de jaren 2010

De sector van de diensten in Noord-Europa bedroeg in de jaren 2010 US$2,2 biljoen per jaar. Het aandeel in de wereld was 6,6%, en 23,7% in Europa.

Het aandeel van de diensten in de economie van Noord-Europa was 50,9% in de jaren 2010, en was vergelijkbaar met Nieuw-Zeeland (50,9%), Canada (51,1%), Denemarken (50,6%).

De sector van de diensten per hoofd in Noord-Europa was $20.942,2 in de jaren 2010s, en was vergelijkbaar met het Verenigd Koninkrijk (US$20,7 duizend), West-Europa (US$21,3 duizend), België (US$21,5 duizend). De diensten per hoofd in Noord-Europa waren in 4,7 keer hoger dan de diensten per hoofd van de bevolking in de wereld ($4.467,8), en waren 71,5% hoger dan de diensten per hoofd van de bevolking in Europa ($4.467,8).

De groei van de diensten in Noord-Europa bedroeg 1.7% in de jaren 2010, en was vergelijkbaar met IJsland (1,7%), Libanon (1,7%). De groei van de diensten in Noord-Europa (1,7%) was minder dan de groei van de diensten in de wereld (2,7%), was groter dan de groei van de diensten in Europa (1,3%).

Vergelijking met subregio's. De diensten van Noord-Europa waren 21,6% groter dan in Zuid-Europa (US$1,8 biljoen) en 2,1 keer groter dan in Oost-Europa (US$1,0 biljoen); maar 47,8% minder dan in West-Europa (US$4,1 biljoen). De waarde van de diensten per hoofd in Noord-Europa was in Noord-Europa80,7% groter dan in Zuid-Europa (US$11,6 duizend) en 6,0 keer groter dan in Oost-Europa (US$3,5 duizend); maar 1,6% minder dan in West-Europa (US$21,3 duizend). De groei van de diensten in Noord-Europa was groter dan in West-Europa (1,4%) en in Zuid-Europa (0,45%); maar minder dan in Oost-Europa (1,9%).

Leiders. De diensten van Noord-Europa in de jaren 2010 bestonden uit: Verenigd Koninkrijk (62,9%), Zweden (10,7%), Noorwegen (7,7%), Denemarken (6,8%), Finland (5,0%), en andere (6,9%). Het aandeel van de diensten in economie van de leiders: Verenigd Koninkrijk (54,9%), Denemarken (50,6%), Finland (48,0%), Zweden (47,7%) en Noorwegen (42,4%). De toegevoegde waarde van de diensten per hoofd in Noord-Europa onder de leiders: Noorwegen ($32.349,3), Denemarken ($25.861,6), Zweden ($23.627,8), Verenigd Koninkrijk ($20.663,8) en Finland ($19.774,2). De groei van de diensten onder de leiders: Noorwegen (2,0%), Zweden (2,0%), Verenigd Koninkrijk (1,7%), Denemarken (1,2%) en Finland (0,83%).

Part III. Externe betrekkingen

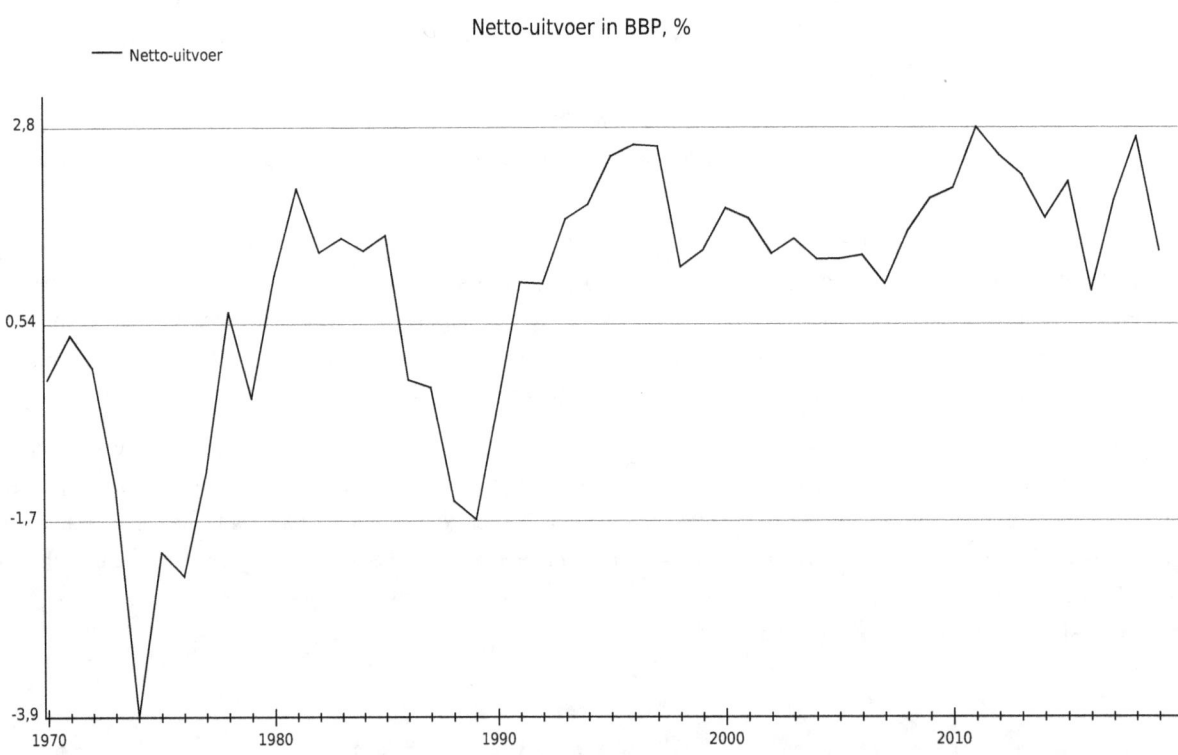

Netto-uitvoer in BBP, %

Hoofdstuk X. Uitvoer

Uitvoer van goederen en diensten

De waarde van de export in Noord-Europa steeg van US$113,6 miljard per jaar in de jaren 1970 tot US$1,9 biljoen per jaar in de jaren 2010, dat wil zeggen met US$1,8 biljoen of 16,9 keer. De verandering vond plaats op US$1,2 biljoen als gevolg van een 2,8-voudige stijging van de prijzen, en ook op US$534,0 miljard als gevolg van een 4,7-voudige toename van het tarief per hoofd , evenals op US$30,2 miljard als gevolg van de toename van de bevolking. De gemiddelde jaarlijkse groei van de export is 4,6%. De minimumwaarde van de export bedroeg US$50,6 miljard in 1970. De maximumwaarde van de export bedroeg US$2,2 biljoen in 2019.

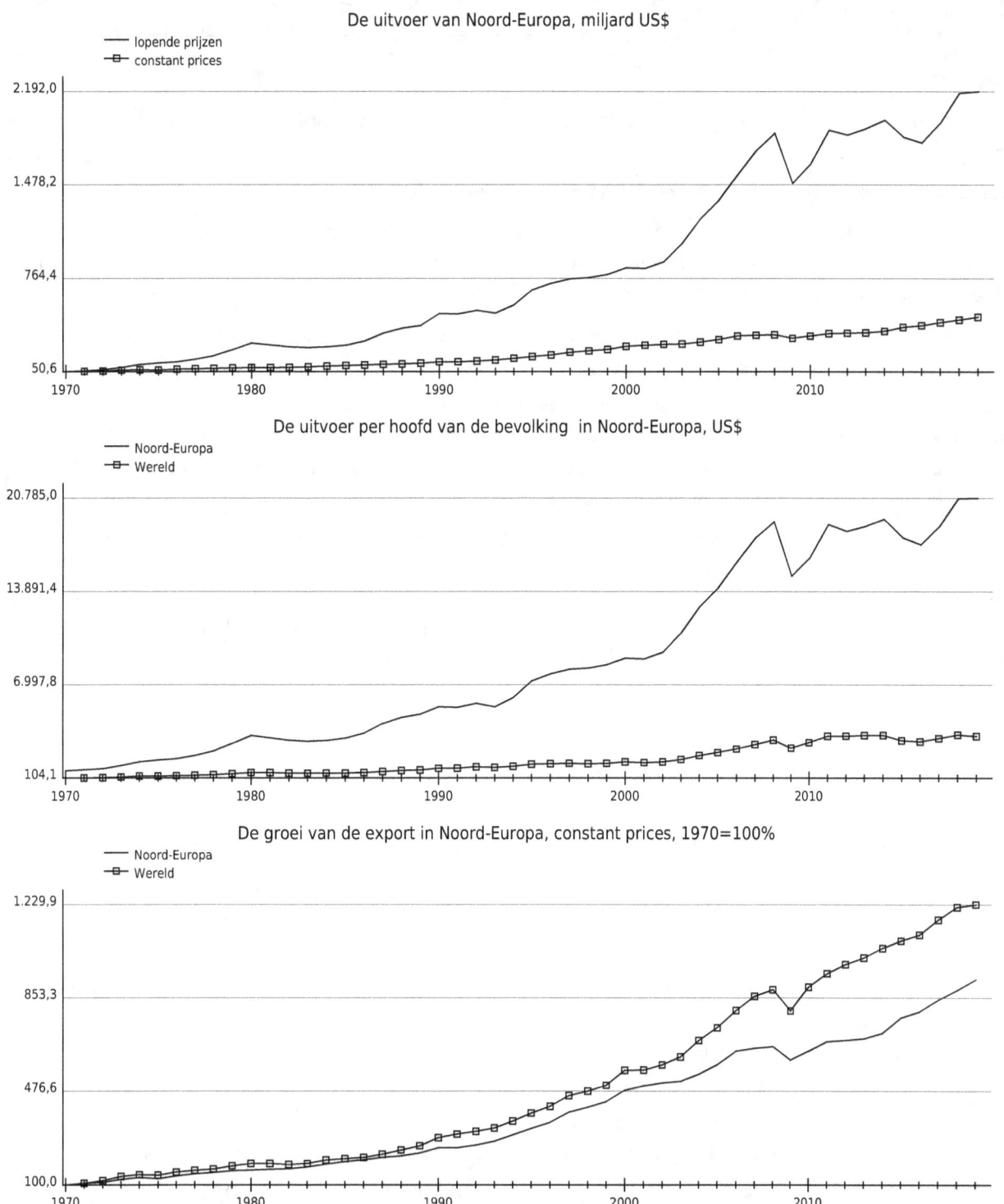

De uitvoer van Noord-Europa, miljard US$

— lopende prijzen
—□— constant prices

De uitvoer per hoofd van de bevolking in Noord-Europa, US$

— Noord-Europa
—□— Wereld

De groei van de export in Noord-Europa, constant prices, 1970=100%

— Noord-Europa
—□— Wereld

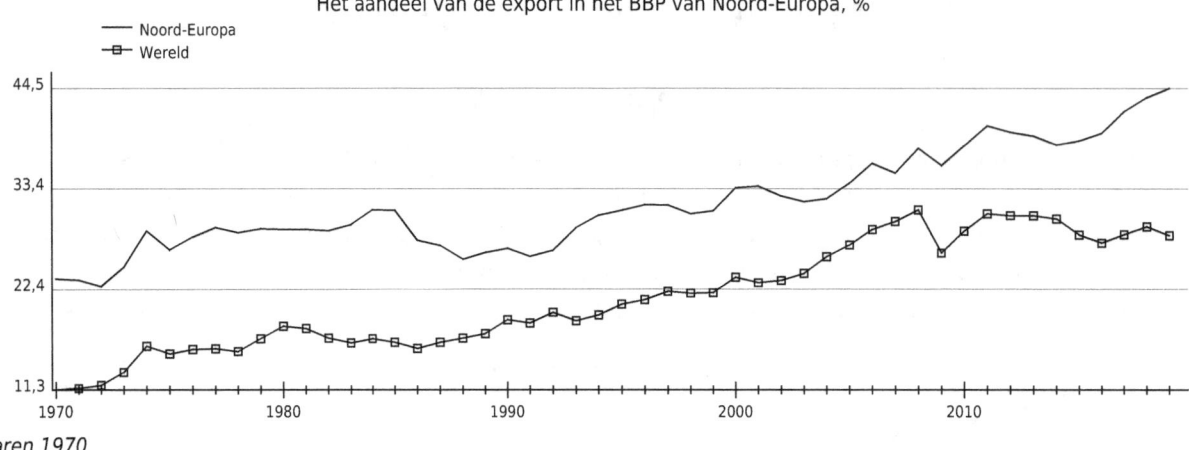

Het aandeel van de export in het BBP van Noord-Europa, %

de jaren 1970

De uitvoer van Noord-Europa bedroeg in de jaren 1970 US$113,6 miljard per jaar. Het aandeel in de wereld was 11,6%, en 24,2% in Europa.

Het aandeel van de export in het BBP van Noord-Europa was 27,2% in de jaren 1970.

De uitvoer per hoofd in Noord-Europa was $1.397,6 in de jaren 1970s, en was vergelijkbaar met Finland (US$1.410,1). De waarde van de export per hoofd in Noord-Europa was in 5,8 keer hoger dan de export per hoofd van de bevolking in de wereld ($242,1), en was in 2,2 keer hoger dan de export per hoofd van de bevolking in Europa ($242,1).

De groei van de export in Noord-Europa bedroeg 5.1% in de jaren 1970. De groei van de export in Noord-Europa (5,1%) was minder dan de groei van de export in de wereld (6,5%), was minder dan de groei van de export in Europa (6,1%).

Vergelijking met subregio's. De waarde van de export in Noord-Europa was groter dan in Zuid-Europa (US$70,7 miljard) en in Oost-Europa (US$22,1 miljard); maar minder dan in West-Europa (US$262,8 miljard). De uitvoer per hoofd in Noord-Europa was in Noord-Europa groter dan in Zuid-Europa (US$533,0) en in Oost-Europa (US$64,7); maar minder dan in West-Europa (US$1.546,2). De groei van de export in Noord-Europa was minder dan in Oost-Europa (11,3%), in Zuid-Europa (7,6%) en in West-Europa (5,6%).

Leiders. De waarde van de export in Noord-Europa in de jaren 1970 bestond uit: Verenigd Koninkrijk (54,0%), Zweden (16,8%), Noorwegen (9,8%), Denemarken (9,7%), Finland (5,8%), en andere (3,8%). Het aandeel van de export in BBP van de leiders: Noorwegen (36,7%), Denemarken (28,4%), Verenigd Koninkrijk (26,0%), Finland (25,7%) en Zweden (25,5%). De waarde van de export per hoofd in Noord-Europa onder de leiders: Noorwegen ($2.801,1), Zweden ($2.333,0), Denemarken ($2.195,3), Finland ($1.410,1) en Verenigd Koninkrijk ($1.094,1). De groei van de export onder de leiders: Noorwegen (6,0%), Finland (5,8%), Verenigd Koninkrijk (5,0%), Denemarken (4,6%) en Zweden (4,3%).

de jaren 1980

De waarde van de export in Noord-Europa bedroeg in de jaren 1980 US$289,6 miljard per jaar. Het aandeel in de wereld was 11,3%, en 24,8% in Europa.

Het aandeel van de export in het BBP van Noord-Europa was 28,1% in de jaren 1980, en was vergelijkbaar met West-Europa (28,0%).

De waarde van de export per hoofd in Noord-Europa was $3.500,8 in de jaren 1980s. De uitvoer per hoofd in Noord-Europa was in 6,6 keer hoger dan de export per hoofd van de bevolking in de wereld ($529,9), en was in 2,3 keer hoger dan de export per hoofd van de bevolking in Europa ($529,9).

De groei van de export in Noord-Europa bedroeg 3.8% in de jaren 1980, en was vergelijkbaar met Hongarije (3,8%), Vietnam (3,8%), Uruguay (3,8%). De groei van de export in Noord-Europa (3,8%) was minder dan de groei van de export in de wereld (3,8%), was minder dan de groei van de export in Europa (4,0%).

Vergelijking met subregio's. De waarde van de export in Noord-Europa was groter dan in Zuid-Europa (US$198,0 miljard) en in Oost-Europa (US$43,1 miljard); maar minder dan in West-Europa (US$637,3 miljard). De uitvoer per hoofd in Noord-Europa was in Noord-Europa groter dan in Zuid-Europa (US$1.401,2) en in Oost-Europa (US$116,5); maar minder dan in West-Europa (US$3,7 duizend). De groei van de export in Noord-Europa was groter dan in Oost-Europa (0,63%); maar minder dan in West-Europa (4,4%) en in Zuid-Europa (4,0%).

Leiders. De waarde van de export in Noord-Europa in de jaren 1980 bestond uit: Verenigd Koninkrijk (53,5%), Zweden (15,4%), Noorwegen (9,9%), Denemarken (9,5%), Finland (6,5%), en andere (5,2%). Het aandeel van de export in BBP van de leiders: Noorwegen (37,9%), Denemarken (34,3%), Zweden (30,2%), Finland (26,6%) en Verenigd Koninkrijk (24,8%). De uitvoer per hoofd in Noord-Europa onder de leiders: Noorwegen ($6.922,2), Denemarken ($5.369,8), Zweden ($5.310,8), Finland ($3.870,0) en Verenigd Koninkrijk ($2.744,8). De groei van de export onder de leiders: Denemarken (5,1%), Noorwegen (4,9%), Zweden (4,1%), Finland (3,4%) en Verenigd Koninkrijk (3,0%).

de jaren 1990

De waarde van de export in Noord-Europa bedroeg in de jaren 1990 US$628,4 miljard per jaar. Het aandeel in de wereld was 10,7%, en 22,7% in Europa.

Het aandeel van de export in het BBP van Noord-Europa was 29,7% in de jaren 1990, en was vergelijkbaar met Liberia (29,5%), Syrië (30,0%), Nieuw-Zeeland (29,5%).

De waarde van de export per hoofd in Noord-Europa was $6.769,4 in de jaren 1990s. De uitvoer per hoofd in Noord-Europa was in 6,6 keer hoger dan de export per hoofd van de bevolking in de wereld ($1.029,5), en was 77,6% hoger dan de export per hoofd van de bevolking in Europa ($1.029,5).

De groei van de export in Noord-Europa bedroeg 6.7% in de jaren 1990, en was vergelijkbaar met Colombia (6,6%), de Filipijnen (6,6%), de Nederland (6,6%). De groei van de export in Noord-Europa (6,7%) was minder dan de groei van de export in de wereld (6,9%), was groter dan de groei van de export in Europa (6,5%).

Vergelijking met subregio's. De uitvoer van Noord-Europa was groter dan in Zuid-Europa (US$461,5 miljard) en in Oost-Europa (US$247,8 miljard); maar minder dan in West-Europa (US$1,4 biljoen). De uitvoer per hoofd in Noord-Europa was in Noord-Europa groter dan in Zuid-Europa (US$3,2 duizend) en in Oost-Europa (US$802,2); maar minder dan in West-Europa (US$7,9 duizend). De groei van de export in Noord-Europa was groter dan in West-Europa (5,7%) en in Zuid-Europa (5,4%); maar minder dan in Oost-Europa (15,2%).

Leiders. De uitvoer van Noord-Europa in de jaren 1990 bestond uit: Verenigd Koninkrijk (51,6%), Zweden (14,1%), Denemarken (9,7%), Noorwegen (8,6%), Ierland (7,8%), en andere (8,1%). Het aandeel van de export in BBP van de leiders: Ierland (72,3%), Noorwegen (38,4%), Denemarken (37,3%), Zweden (33,7%) en Verenigd Koninkrijk (24,4%). De uitvoer per hoofd in Noord-Europa onder de leiders: Ierland ($13.693,7), Noorwegen ($12.455,7), Denemarken ($11.638,2), Zweden ($10.119,2) en Verenigd Koninkrijk ($5.602,2). De groei van de export onder de leiders: Ierland (14,1%), Zweden (6,8%), Verenigd Koninkrijk (5,7%), Noorwegen (5,7%) en Denemarken (4,9%).

de jaren 2000

De uitvoer van Noord-Europa bedroeg in de jaren 2000 US$1,3 biljoen per jaar. Het aandeel in de wereld was 10,2%, en 23,0% in Europa.

Het aandeel van de export in het BBP van Noord-Europa was 34,7% in de jaren 2000, en was vergelijkbaar met Saint Kitts en Nevis (34,8%), Saint Vincent en de Grenadines (35,0%).

De uitvoer per hoofd in Noord-Europa was $13.348,8 in de jaren 2000s, en was vergelijkbaar met Cyprus (US$13,5 duizend). De waarde van de export per hoofd in Noord-Europa was in 6,9 keer hoger dan de export per hoofd van de bevolking in de wereld ($1.933,7), en was 74,7% hoger dan de export per hoofd van de bevolking in Europa ($1.933,7).

De groei van de export in Noord-Europa bedroeg 3.3% in de jaren 2000, en was vergelijkbaar met de Verenigde Staten (3,3%), Madagaskar (3,3%), de FS van Micronesië (3,3%). De groei van de export in Noord-Europa (3,3%) was minder dan de groei van de export in de wereld (4,8%), was minder dan de groei van de export in Europa (3,8%).

Vergelijking met subregio's. De uitvoer van Noord-Europa was groter dan in Zuid-Europa (US$889,8 miljard) en in Oost-Europa (US$654,9 miljard); maar minder dan in West-Europa (US$2,8 biljoen). De uitvoer per hoofd in Noord-Europa was in Noord-Europa groter dan in Zuid-Europa (US$6,0 duizend) en in Oost-Europa (US$2,2 duizend); maar minder dan in West-Europa (US$14,7 duizend). De groei van de export in Noord-Europa was groter dan in Zuid-Europa (2,1%); maar minder dan in Oost-Europa (7,1%) en in West-Europa (3,8%).

Leiders. De waarde van de export in Noord-Europa in de jaren 2000 bestond uit: Verenigd Koninkrijk (46,0%), Zweden (13,1%), Ierland (12,7%), Noorwegen (9,8%), Denemarken (9,4%), en andere (9,0%). Het aandeel van de export in BBP van de leiders: Ierland (84,6%), Denemarken (48,2%), Zweden (44,8%), Noorwegen (42,9%) en Verenigd Koninkrijk (25,5%). De waarde van de export per hoofd in Noord-Europa onder de leiders: Ierland ($39.452,8), Noorwegen ($27.191,5), Denemarken ($22.364,5), Zweden ($18.590,2) en Verenigd Koninkrijk ($9.780,7). De groei van de export onder de leiders: Ierland (6,6%), Denemarken (3,7%), Zweden (3,4%), Verenigd Koninkrijk (2,8%) en Noorwegen (0,50%).

de jaren 2010

De waarde van de export in Noord-Europa bedroeg in de jaren 2010 US$1,9 biljoen per jaar. Het aandeel in de wereld was 8,5%, en 21,4% in Europa.

Het aandeel van de export in het BBP van Noord-Europa was 40,4% in de jaren 2010, en was vergelijkbaar met Saint Lucia (40,3%).

De waarde van de export per hoofd in Noord-Europa was $18.706,6 in de jaren 2010s, en was vergelijkbaar met Groenland (US$18,8 duizend). De waarde van de export per hoofd in Noord-Europa was in 6,0 keer hoger dan de export per hoofd van de bevolking in de wereld ($3.098,9), en was 55,0% hoger dan de export per hoofd van de bevolking in Europa ($3.098,9).

De groei van de export in Noord-Europa bedroeg 4.4% in de jaren 2010, en was vergelijkbaar met West-Europa (4,3%), Zuid-Europa (4,4%), Oost-Afrika (4,4%). De groei van de export in Noord-Europa (4,4%) was minder dan de groei van de export in de wereld (4,4%), was minder dan de groei van de export in Europa (4,4%).

Vergelijking met subregio's. De uitvoer van Noord-Europa was 43,9% groter dan in Oost-Europa (US$1,3 biljoen) en 45,9% groter dan in Zuid-Europa (US$1,3 biljoen); maar 2,3 keer minder dan in West-Europa (US$4,4 biljoen). De uitvoer per hoofd in Noord-Europa was in Noord-Europa2,2 keer groter dan in Zuid-Europa (US$8,6 duizend) en 4,1 keer groter dan in Oost-Europa (US$4,5 duizend); maar 17,5% minder dan in West-Europa (US$22,7 duizend). De groei van de export in Noord-Europa was groter dan in Zuid-Europa (4,4%) en in West-Europa (4,3%); maar minder dan in Oost-Europa (4,8%).

Leiders. De waarde van de export in Noord-Europa in de jaren 2010 bestond uit: Verenigd Koninkrijk (42,3%), Ierland (17,4%), Zweden (12,5%), Denemarken (9,5%), Noorwegen (8,9%), en andere (9,3%). Het aandeel van de export in BBP van de leiders: Ierland (115,3%), Denemarken (54,7%), Zweden (44,4%), Noorwegen (38,7%) en Verenigd Koninkrijk (29,5%). De waarde van de export per hoofd in Noord-Europa onder de leiders: Ierland ($71.408,2), Noorwegen ($33.376,0), Denemarken ($32.284,1), Zweden ($24.816,4) en Verenigd Koninkrijk ($12.425,4). De groei van de export onder de leiders: Ierland (9,6%), Zweden (4,1%), Denemarken (3,7%), Verenigd Koninkrijk (3,1%) en Noorwegen (1,1%).

Hoofdstuk XI. Invoer

Invoer van goederen en diensten

De invoer van Noord-Europa steeg van US$117,7 miljard per jaar in de jaren 1970 tot US$1,8 biljoen per jaar in de jaren 2010, dat wil zeggen met US$1,7 biljoen of 15,5 keer. De verandering vond plaats op US$1,1 biljoen als gevolg van een 2,6-voudige stijging van de prijzen, en ook op US$543,9 miljard als gevolg van een 4,6-voudige toename van het tarief per hoofd , evenals op US$31,3 miljard als gevolg van de toename van de bevolking. De gemiddelde jaarlijkse groei van de invoer is 4,6%. De minimumwaarde van de invoer bedroeg US$50,7 miljard in 1970. De maximumwaarde van de invoer bedroeg US$2,1 biljoen in 2019.

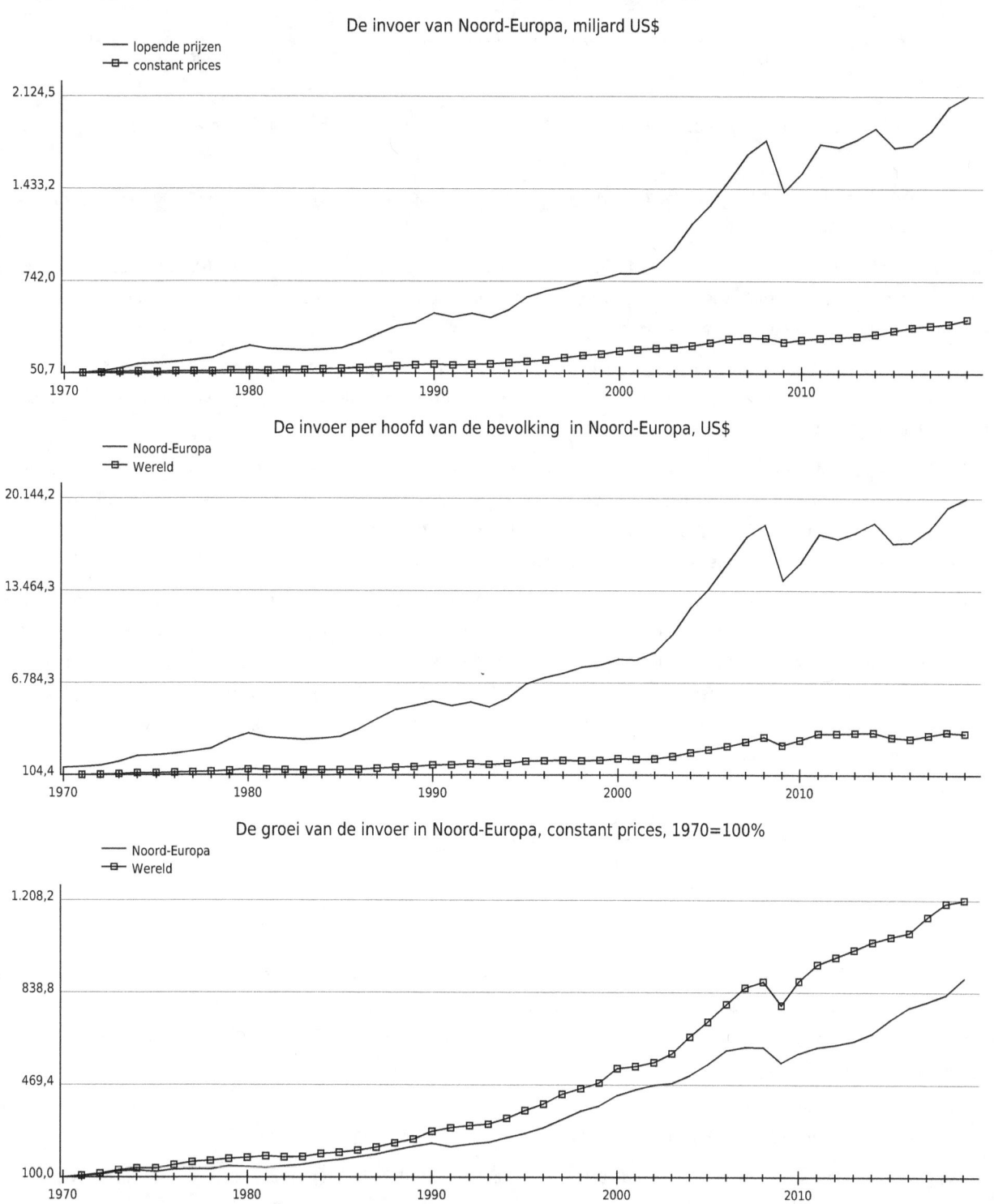

De invoer van Noord-Europa, miljard US$

De invoer per hoofd van de bevolking in Noord-Europa, US$

De groei van de invoer in Noord-Europa, constant prices, 1970=100%

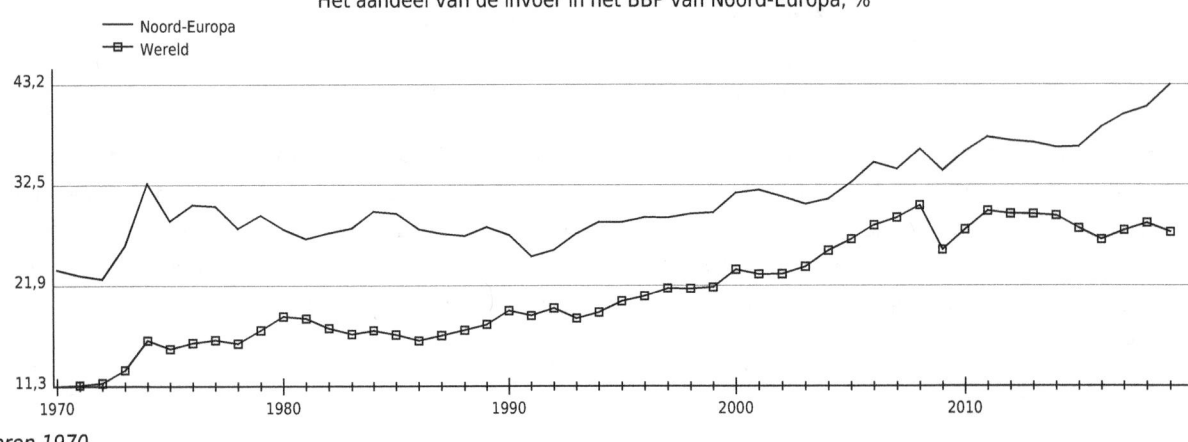

Het aandeel van de invoer in het BBP van Noord-Europa, %

de jaren 1970

De invoer van Noord-Europa bedroeg in de jaren 1970 US$117,7 miljard per jaar. Het aandeel in de wereld was 11,9%, en 24,1% in Europa.

Het aandeel van de invoer in het BBP van Noord-Europa was 28,2% in de jaren 1970, en was vergelijkbaar met Bolivia (28,3%), Sao Tomé en Principe (28,3%).

De invoer per hoofd in Noord-Europa was $1.448,4 in de jaren 1970s, en was vergelijkbaar met Finland (US$1.457,3). De waarde van de invoer per hoofd in Noord-Europa was in 5,9 keer hoger dan de invoer per hoofd van de bevolking in de wereld ($244,3), en was in 2,2 keer hoger dan de invoer per hoofd van de bevolking in Europa ($244,3).

De groei van de invoer in Noord-Europa bedroeg 4.1% in de jaren 1970, en was vergelijkbaar met Guyana (4,1%), Andorra (4,2%). De groei van de invoer in Noord-Europa (4,1%) was minder dan de groei van de invoer in de wereld (6,3%), was minder dan de groei van de invoer in Europa (5,4%).

Vergelijking met subregio's. De waarde van de invoer in Noord-Europa was groter dan in Zuid-Europa (US$78,6 miljard) en in Oost-Europa (US$24,2 miljard); maar minder dan in West-Europa (US$267,2 miljard). De invoer per hoofd in Noord-Europa was in Noord-Europa groter dan in Zuid-Europa (US$593,0) en in Oost-Europa (US$70,9); maar minder dan in West-Europa (US$1.571,7). De groei van de invoer in Noord-Europa was minder dan in Oost-Europa (7,4%), in West-Europa (5,7%) en in Zuid-Europa (5,6%).

Leiders. De waarde van de invoer in Noord-Europa in de jaren 1970 bestond uit: Verenigd Koninkrijk (53,0%), Zweden (16,2%), Denemarken (10,2%), Noorwegen (10,2%), Finland (5,8%), en andere (4,5%). Het aandeel van de invoer in BBP van de leiders: Noorwegen (39,5%), Denemarken (30,9%), Finland (26,6%), Verenigd Koninkrijk (26,4%) en Zweden (25,5%). De waarde van de invoer per hoofd in Noord-Europa onder de leiders: Noorwegen ($3.012,1), Denemarken ($2.391,5), Zweden ($2.333,6), Finland ($1.457,3) en Verenigd Koninkrijk ($1.113,2). De groei van de invoer onder de leiders: Verenigd Koninkrijk (4,5%), Denemarken (4,0%), Finland (4,0%), Noorwegen (3,0%) en Zweden (2,6%).

de jaren 1980

De invoer van Noord-Europa bedroeg in de jaren 1980 US$287,3 miljard per jaar. Het aandeel in de wereld was 11,0%, en 24,1% in Europa.

Het aandeel van de invoer in het BBP van Noord-Europa was 27,9% in de jaren 1980, en was vergelijkbaar met Guatemala (28,0%), Mali (27,8%), Syrië (27,6%).

De waarde van de invoer per hoofd in Noord-Europa was $3.472,4 in de jaren 1980s, en was vergelijkbaar met Antigua en Barbuda (US$3,5 duizend), Saoedi-Arabië (US$3,5 duizend), Israël (US$3,4 duizend). De waarde van de invoer per hoofd in Noord-Europa was in 6,4 keer hoger dan de invoer per hoofd van de bevolking in de wereld ($539,1), en was in 2,2 keer hoger dan de invoer per hoofd van de bevolking in Europa ($539,1).

De groei van de invoer in Noord-Europa bedroeg 4.4% in de jaren 1980. De groei van de invoer in Noord-Europa (4,4%) was groter dan de groei van de invoer in de wereld (3,8%), was groter dan de groei van de invoer in Europa (4,1%).

Vergelijking met subregio's. De invoer van Noord-Europa was groter dan in Zuid-Europa (US$213,3 miljard) en in Oost-Europa

(US$38,7 miljard); maar minder dan in West-Europa (US$651,2 miljard). De waarde van de invoer per hoofd in Noord-Europa was in Noord-Europa groter dan in Zuid-Europa (US$1.509,3) en in Oost-Europa (US$104,6); maar minder dan in West-Europa (US$3,8 duizend). De groei van de invoer in Noord-Europa was groter dan in West-Europa (3,8%) en in Oost-Europa (2,1%); maar minder dan in Zuid-Europa (5,3%).

Leiders. De waarde van de invoer in Noord-Europa in de jaren 1980 bestond uit: Verenigd Koninkrijk (54,9%), Zweden (15,0%), Noorwegen (9,1%), Denemarken (9,1%), Finland (6,6%), en andere (5,3%). Het aandeel van de invoer in BBP van de leiders: Noorwegen (34,7%), Denemarken (32,5%), Zweden (29,3%), Finland (26,5%) en Verenigd Koninkrijk (25,3%). De invoer per hoofd in Noord-Europa onder de leiders: Noorwegen ($6.324,5), Zweden ($5.146,0), Denemarken ($5.091,1), Finland ($3.861,5) en Verenigd Koninkrijk ($2.793,0). De groei van de invoer onder de leiders: Verenigd Koninkrijk (5,1%), Finland (4,9%), Zweden (3,8%), Denemarken (3,1%) en Noorwegen (2,5%).

de jaren 1990

De invoer van Noord-Europa bedroeg in de jaren 1990 US$594,9 miljard per jaar. Het aandeel in de wereld was 10,3%, en 22,4% in Europa.

Het aandeel van de invoer in het BBP van Noord-Europa was 28,1% in de jaren 1990, en was vergelijkbaar met Marokko (28,1%), Bolivia (28,2%), Mauritanië (28,0%).

De invoer per hoofd in Noord-Europa was $6.408,6 in de jaren 1990s, en was vergelijkbaar met Antigua en Barbuda (US$6,3 duizend). De waarde van de invoer per hoofd in Noord-Europa was in 6,3 keer hoger dan de invoer per hoofd van de bevolking in de wereld ($1.015,5), en was 75,3% hoger dan de invoer per hoofd van de bevolking in Europa ($1.015,5).

De groei van de invoer in Noord-Europa bedroeg 5.6% in de jaren 1990, en was vergelijkbaar met Estland (5,6%), Aruba (5,7%). De groei van de invoer in Noord-Europa (5,6%) was minder dan de groei van de invoer in de wereld (6,6%), was minder dan de groei van de invoer in Europa (5,9%).

Vergelijking met subregio's. De invoer van Noord-Europa was groter dan in Zuid-Europa (US$469,4 miljard) en in Oost-Europa (US$232,5 miljard); maar minder dan in West-Europa (US$1,4 biljoen). De invoer per hoofd in Noord-Europa was in Noord-Europa groter dan in Zuid-Europa (US$3,3 duizend) en in Oost-Europa (US$752,7); maar minder dan in West-Europa (US$7,5 duizend). De groei van de invoer in Noord-Europa was groter dan in Zuid-Europa (5,5%) en in West-Europa (5,5%); maar minder dan in Oost-Europa (10,5%).

Leiders. De waarde van de invoer in Noord-Europa in de jaren 1990 bestond uit: Verenigd Koninkrijk (55,5%), Zweden (13,3%), Denemarken (8,7%), Noorwegen (7,6%), Ierland (7,1%), en andere (7,8%). Het aandeel van de invoer in BBP van de leiders: Ierland (62,3%), Noorwegen (31,9%), Denemarken (31,8%), Zweden (30,0%) en Verenigd Koninkrijk (24,9%). De waarde van de invoer per hoofd in Noord-Europa onder de leiders: Ierland ($11.809,0), Noorwegen ($10.352,8), Denemarken ($9.916,9), Zweden ($9.005,2) en Verenigd Koninkrijk ($5.705,3). De groei van de invoer onder de leiders: Ierland (12,3%), Verenigd Koninkrijk (5,1%), Noorwegen (4,9%), Denemarken (4,7%) en Zweden (4,6%).

de jaren 2000

De invoer van Noord-Europa bedroeg in de jaren 2000 US$1,2 biljoen per jaar. Het aandeel in de wereld was 10,0%, en 23,1% in Europa.

Het aandeel van de invoer in het BBP van Noord-Europa was 33,2% in de jaren 2000, en was vergelijkbaar met Zambia (33,2%), Canada (33,2%), Duitsland (33,1%).

De invoer per hoofd in Noord-Europa was $12.787,5 in de jaren 2000s. De waarde van de invoer per hoofd in Noord-Europa was in 6,7 keer hoger dan de invoer per hoofd van de bevolking in de wereld ($1.899,9), en was 75,5% hoger dan de invoer per hoofd van de bevolking in Europa ($1.899,9).

De groei van de invoer in Noord-Europa bedroeg 3.8% in de jaren 2000, en was vergelijkbaar met Angola (3,8%), Swaziland (3,8%), Frans-Polynesië (3,8%). De groei van de invoer in Noord-Europa (3,8%) was minder dan de groei van de invoer in de wereld (5,1%), was minder dan de groei van de invoer in Europa (4,0%).

Vergelijking met subregio's. De waarde van de invoer in Noord-Europa was groter dan in Zuid-Europa (US$990,2 miljard) en in Oost-Europa (US$600,5 miljard); maar minder dan in West-Europa (US$2,5 biljoen). De waarde van de invoer per hoofd in

Noord-Europa was in Noord-Europa groter dan in Zuid-Europa (US$6,7 duizend) en in Oost-Europa (US$2,0 duizend); maar minder dan in West-Europa (US$13,4 duizend). De groei van de invoer in Noord-Europa was groter dan in West-Europa (3,5%) en in Zuid-Europa (2,6%); maar minder dan in Oost-Europa (9,5%).

Leiders. De waarde van de invoer in Noord-Europa in de jaren 2000 bestond uit: Verenigd Koninkrijk (52,2%), Zweden (11,9%), Ierland (11,4%), Denemarken (8,8%), Noorwegen (6,7%), en andere (9,0%). Het aandeel van de invoer in BBP van de leiders: Ierland (72,9%), Denemarken (43,1%), Zweden (39,0%), Noorwegen (28,2%) en Verenigd Koninkrijk (27,7%). De waarde van de invoer per hoofd in Noord-Europa onder de leiders: Ierland ($33.984,9), Denemarken ($20.034,6), Noorwegen ($17.884,6), Zweden ($16.159,3) en Verenigd Koninkrijk ($10.620,4). De groei van de invoer onder de leiders: Ierland (6,4%), Denemarken (5,0%), Noorwegen (3,3%), Verenigd Koninkrijk (3,1%) en Zweden (2,9%).

de jaren 2010

De waarde van de invoer in Noord-Europa bedroeg in de jaren 2010 US$1,8 biljoen per jaar. Het aandeel in de wereld was 8,3%, en 22,0% in Europa.

Het aandeel van de invoer in het BBP van Noord-Europa was 38,4% in de jaren 2010, en was vergelijkbaar met Finland (38,4%), de Caraïben (38,7%), Zambia (38,7%).

De waarde van de invoer per hoofd in Noord-Europa was $17.765,1 in de jaren 2010s, en was vergelijkbaar met Duitsland (US$17,8 duizend), Cyprus (US$18,1 duizend), Anguilla (US$18,1 duizend). De invoer per hoofd in Noord-Europa was in 5,9 keer hoger dan de invoer per hoofd van de bevolking in de wereld ($3.015,6), en was 59,3% hoger dan de invoer per hoofd van de bevolking in Europa ($3.015,6).

De groei van de invoer in Noord-Europa bedroeg 4.9% in de jaren 2010, en was vergelijkbaar met Duitsland (4,8%), Kazachstan (4,9%). De groei van de invoer in Noord-Europa (4,9%) was groter dan de groei van de invoer in de wereld (4,4%), was groter dan de groei van de invoer in Europa (4,3%).

Vergelijking met subregio's. De waarde van de invoer in Noord-Europa was 43,7% groter dan in Zuid-Europa (US$1,3 biljoen) en 52,5% groter dan in Oost-Europa (US$1,2 biljoen); maar 2,2 keer minder dan in West-Europa (US$4,0 biljoen). De invoer per hoofd in Noord-Europa was in Noord-Europa2,1 keer groter dan in Zuid-Europa (US$8,3 duizend) en 4,4 keer groter dan in Oost-Europa (US$4,1 duizend); maar 13,8% minder dan in West-Europa (US$20,6 duizend). De groei van de invoer in Noord-Europa was groter dan in West-Europa (4,3%) en in Zuid-Europa (2,6%); maar minder dan in Oost-Europa (5,2%).

Leiders. De waarde van de invoer in Noord-Europa in de jaren 2010 bestond uit: Verenigd Koninkrijk (46,8%), Ierland (15,1%), Zweden (12,1%), Denemarken (8,8%), Noorwegen (7,4%), en andere (9,8%). Het aandeel van de invoer in BBP van de leiders: Ierland (95,5%), Denemarken (48,1%), Zweden (40,6%), Verenigd Koninkrijk (30,9%) en Noorwegen (30,6%). De waarde van de invoer per hoofd in Noord-Europa onder de leiders: Ierland ($59.099,7), Denemarken ($28.345,4), Noorwegen ($26.421,8), Zweden ($22.709,7) en Verenigd Koninkrijk ($13.030,6). De groei van de invoer onder de leiders: Ierland (10,0%), Zweden (4,5%), Verenigd Koninkrijk (3,6%), Noorwegen (3,6%) en Denemarken (3,6%).

Part IV. Verbruik

Hoofdstuk XII. Overheidsuitgaven

Consumptie-uitgaven van de overheid

De overheidsuitgaven van Noord-Europa steeg van US$86,6 miljard per jaar in de jaren 1970 tot US$1,0 biljoen per jaar in de jaren 2010, dat wil zeggen met US$913,7 miljard of 11,5 keer. De verandering vond plaats op US$814,8 miljard als gevolg van een 5,4-voudige stijging van de prijzen, en ook op US$75,8 miljard als gevolg van een 1,7-voudige toename van het tarief per hoofd , evenals op US$23,1 miljard als gevolg van de toename van de bevolking. De gemiddelde jaarlijkse groei van de overheidsuitgaven is 2,0%. De minimumwaarde van de overheidsuitgaven bedroeg US$39,0 miljard in 1970. De maximumwaarde van de overheidsuitgaven bedroeg US$1,1 biljoen in 2014.

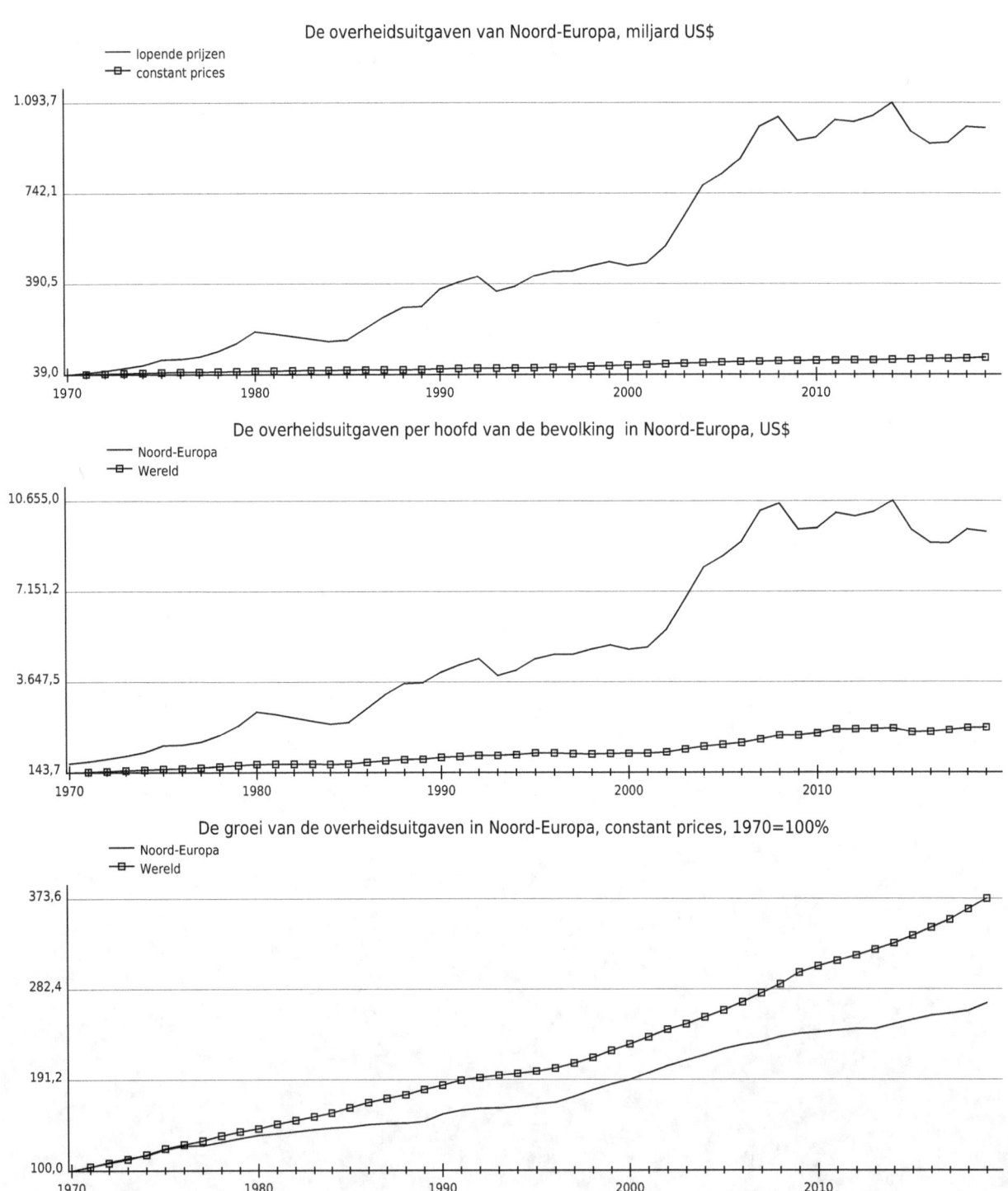

De overheidsuitgaven van Noord-Europa, miljard US$

De overheidsuitgaven per hoofd van de bevolking in Noord-Europa, US$

De groei van de overheidsuitgaven in Noord-Europa, constant prices, 1970=100%

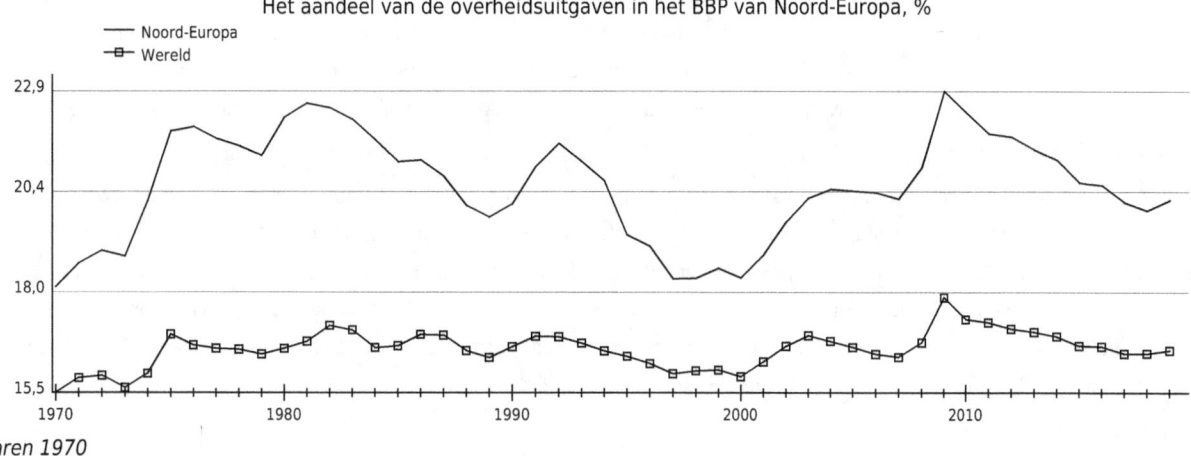

Het aandeel van de overheidsuitgaven in het BBP van Noord-Europa, %

de jaren 1970

De overheidsuitgaven van Noord-Europa bedroeg in de jaren 1970 US$86,6 miljard per jaar. Het aandeel in de wereld was 8,1%, en 17,6% in Europa.

Het aandeel van de overheidsuitgaven in het BBP van Noord-Europa was 20,8% in de jaren 1970, en was vergelijkbaar met Nauru (20,8%), Nieuw-Caledonië (20,7%), Venezuela (20,8%).

De overheidsuitgaven per hoofd in Noord-Europa was $1.066,0 in de jaren 1970s, en was vergelijkbaar met Groenland (US$1.073,6). De overheidsuitgaven per hoofd in Noord-Europa was in 4,0 keer hoger dan de overheidsuitgaven per hoofd van de bevolking in de wereld ($265,2), en was 57,0% hoger dan de overheidsuitgaven per hoofd van de bevolking in Europa ($265,2).

De groei van de overheidsuitgaven in Noord-Europa bedroeg 3.1% in de jaren 1970, en was vergelijkbaar met Irak (3,1%), Suriname (3,1%). De groei van de overheidsuitgaven in Noord-Europa (3,1%) was minder dan de groei van de overheidsuitgaven in de wereld (3,7%), was minder dan de groei van de overheidsuitgaven in Europa (4,5%).

Vergelijking met subregio's. De overheidsuitgaven van Noord-Europa was groter dan in Zuid-Europa (US$59,4 miljard); maar minder dan in West-Europa (US$207,1 miljard) en in Oost-Europa (US$139,4 miljard). De overheidsuitgaven per hoofd in Noord-Europa was in Noord-Europa groter dan in Zuid-Europa (US$448,1) en in Oost-Europa (US$408,0); maar minder dan in West-Europa (US$1.218,4). De groei van de overheidsuitgaven in Noord-Europa was minder dan in Oost-Europa (7,2%), in Zuid-Europa (4,7%) en in West-Europa (4,4%).

Leiders. De overheidsuitgaven van Noord-Europa in de jaren 1970 bestond uit: Verenigd Koninkrijk (54,8%), Zweden (20,6%), Denemarken (10,7%), Noorwegen (6,5%), Finland (5,0%), en andere (2,4%). Het aandeel van de overheidsuitgaven in BBP van de leiders: Zweden (23,9%), Denemarken (23,8%), Verenigd Koninkrijk (20,1%), Noorwegen (18,4%) en Finland (16,9%). De overheidsuitgaven per hoofd in Noord-Europa onder de leiders: Zweden ($2.182,9), Denemarken ($1.839,4), Noorwegen ($1.402,6), Finland ($925,2) en Verenigd Koninkrijk ($847,9). De groei van de overheidsuitgaven onder de leiders: Noorwegen (5,3%), Finland (5,3%), Denemarken (3,4%), Zweden (3,3%) en Verenigd Koninkrijk (2,5%).

de jaren 1980

De overheidsuitgaven van Noord-Europa bedroeg in de jaren 1980 US$218,4 miljard per jaar, en was vergelijkbaar met Oost-Europa (US$219,4 miljard). Het aandeel in de wereld was 8,6%, en 20,3% in Europa.

Het aandeel van de overheidsuitgaven in het BBP van Noord-Europa was 21,2% in de jaren 1980, en was vergelijkbaar met Venezuela (21,3%).

De overheidsuitgaven per hoofd in Noord-Europa was $2.639,8 in de jaren 1980s, en was vergelijkbaar met Israël (US$2,6 duizend), Bermuda (US$2,6 duizend), Nieuw-Caledonië (US$2,7 duizend). De overheidsuitgaven per hoofd in Noord-Europa was in 5,0 keer hoger dan de overheidsuitgaven per hoofd van de bevolking in de wereld ($523,5), en was 87,9% hoger dan de overheidsuitgaven per hoofd van de bevolking in Europa ($523,5).

De groei van de overheidsuitgaven in Noord-Europa bedroeg 1.2% in de jaren 1980. De groei van de overheidsuitgaven in Noord-Europa (1,2%) was minder dan de groei van de overheidsuitgaven in de wereld (2,7%), was minder dan de groei van de overheidsuitgaven in Europa (2,3%).

Vergelijking met subregio's. De overheidsuitgaven van Noord-Europa was groter dan in Zuid-Europa (US$173,1 miljard); maar minder dan in West-Europa (US$467,4 miljard) en in Oost-Europa (US$219,4 miljard). De overheidsuitgaven per hoofd in Noord-Europa was in Noord-Europa groter dan in Zuid-Europa (US$1.225,1) en in Oost-Europa (US$592,9); maar minder dan in West-Europa (US$2,7 duizend). De groei van de overheidsuitgaven in Noord-Europa was minder dan in Oost-Europa (4,0%), in Zuid-Europa (3,0%) en in West-Europa (1,9%).

Leiders. De overheidsuitgaven van Noord-Europa in de jaren 1980 bestond uit: Verenigd Koninkrijk (57,8%), Zweden (17,2%), Denemarken (9,3%), Noorwegen (6,6%), Finland (6,3%), en andere (2,8%). Het aandeel van de overheidsuitgaven in BBP van de leiders: Zweden (25,5%), Denemarken (25,2%), Verenigd Koninkrijk (20,2%), Finland (19,3%) en Noorwegen (19,2%). De overheidsuitgaven per hoofd in Noord-Europa onder de leiders: Zweden ($4.485,4), Denemarken ($3.947,7), Noorwegen ($3.496,1), Finland ($2.805,8) en Verenigd Koninkrijk ($2.236,6). De groei van de overheidsuitgaven onder de leiders: Finland (3,7%), Noorwegen (2,6%), Zweden (1,5%), Denemarken (0,99%) en Verenigd Koninkrijk (0,76%).

de jaren 1990

De overheidsuitgaven van Noord-Europa bedroeg in de jaren 1990 US$416,2 miljard per jaar, en was vergelijkbaar met Duitsland (US$419,6 miljard). Het aandeel in de wereld was 8,9%, en 21,9% in Europa.

Het aandeel van de overheidsuitgaven in het BBP van Noord-Europa was 19,7% in de jaren 1990, en was vergelijkbaar met Zuidelijk Afrika (19,6%), Niger (19,8%), Bahrein (19,6%).

De overheidsuitgaven per hoofd in Noord-Europa was $4.484,0 in de jaren 1990s. De overheidsuitgaven per hoofd in Noord-Europa was in 5,4 keer hoger dan de overheidsuitgaven per hoofd van de bevolking in de wereld ($824,8), en was 71,1% hoger dan de overheidsuitgaven per hoofd van de bevolking in Europa ($824,8).

De groei van de overheidsuitgaven in Noord-Europa bedroeg 2.3% in de jaren 1990, en was vergelijkbaar met Nieuw-Caledonië (2,3%). De groei van de overheidsuitgaven in Noord-Europa (2,3%) was groter dan de groei van de overheidsuitgaven in de wereld (2,0%), was groter dan de groei van de overheidsuitgaven in Europa (1,3%).

Vergelijking met subregio's. De overheidsuitgaven van Noord-Europa was groter dan in Zuid-Europa (US$382,4 miljard) en in Oost-Europa (US$145,2 miljard); maar minder dan in West-Europa (US$960,6 miljard). De overheidsuitgaven per hoofd in Noord-Europa was in Noord-Europa groter dan in Zuid-Europa (US$2,7 duizend) en in Oost-Europa (US$470,2); maar minder dan in West-Europa (US$5,3 duizend). De groei van de overheidsuitgaven in Noord-Europa was groter dan in West-Europa (2,1%), in Zuid-Europa (1,1%) en in Oost-Europa (-2,0%).

Leiders. De overheidsuitgaven van Noord-Europa in de jaren 1990 bestond uit: Verenigd Koninkrijk (56,4%), Zweden (16,4%), Denemarken (9,5%), Noorwegen (7,1%), Finland (6,5%), en andere (4,1%). Het aandeel van de overheidsuitgaven in BBP van de leiders: Zweden (25,9%), Denemarken (24,2%), Finland (22,0%), Noorwegen (21,0%) en Verenigd Koninkrijk (17,7%). De overheidsuitgaven per hoofd in Noord-Europa onder de leiders: Zweden ($7.779,2), Denemarken ($7.557,2), Noorwegen ($6.818,3), Finland ($5.335,4) en Verenigd Koninkrijk ($4.053,6). De groei van de overheidsuitgaven onder de leiders: Noorwegen (3,4%), Verenigd Koninkrijk (2,1%), Denemarken (1,9%), Zweden (1,4%) en Finland (1,1%).

de jaren 2000

De overheidsuitgaven van Noord-Europa bedroeg in de jaren 2000 US$757,5 miljard per jaar. Het aandeel in de wereld was 9,7%, en 24,8% in Europa.

Het aandeel van de overheidsuitgaven in het BBP van Noord-Europa was 20,5% in de jaren 2000, en was vergelijkbaar met Botswana (20,4%), Bhutan (20,6%), de Maldiven (20,6%).

De overheidsuitgaven per hoofd in Noord-Europa was $7.875,3 in de jaren 2000s, en was vergelijkbaar met Ierland (US$7,9 duizend), België (US$7,8 duizend), Finland (US$8,0 duizend). De overheidsuitgaven per hoofd in Noord-Europa was in 6,6 keer hoger dan de overheidsuitgaven per hoofd van de bevolking in de wereld ($1.200,9), en was 88,8% hoger dan de overheidsuitgaven per hoofd van de bevolking in Europa ($1.200,9).

De groei van de overheidsuitgaven in Noord-Europa bedroeg 2.5% in de jaren 2000. De groei van de overheidsuitgaven in Noord-Europa (2,5%) was minder dan de groei van de overheidsuitgaven in de wereld (3,1%), was groter dan de groei van de overheidsuitgaven in Europa (2,1%).

Vergelijking met subregio's. De overheidsuitgaven van Noord-Europa was groter dan in Zuid-Europa (US$648,2 miljard) en in Oost-Europa (US$296,7 miljard); maar minder dan in West-Europa (US$1,3 biljoen). De overheidsuitgaven per hoofd in Noord-Europa was in Noord-Europa groter dan in West-Europa (US$7,2 duizend), in Zuid-Europa (US$4,4 duizend) en in Oost-Europa (US$993,3). De groei van de overheidsuitgaven in Noord-Europa was groter dan in Oost-Europa (2,0%) en in West-Europa (1,8%); maar minder dan in Zuid-Europa (2,7%).

Leiders. De overheidsuitgaven van Noord-Europa in de jaren 2000 bestond uit: Verenigd Koninkrijk (59,8%), Zweden (12,4%), Denemarken (8,3%), Noorwegen (7,7%), Finland (5,6%), en andere (6,2%). Het aandeel van de overheidsuitgaven in BBP van de leiders: Denemarken (25,0%), Zweden (24,9%), Finland (21,4%), Noorwegen (19,9%) en Verenigd Koninkrijk (19,5%). De overheidsuitgaven per hoofd in Noord-Europa onder de leiders: Noorwegen ($12.586,2), Denemarken ($11.626,7), Zweden ($10.346,0), Finland ($8.041,5) en Verenigd Koninkrijk ($7.501,5). De groei van de overheidsuitgaven onder de leiders: Verenigd Koninkrijk (2,9%), Noorwegen (2,5%), Denemarken (2,0%), Finland (1,6%) en Zweden (0,77%).

de jaren 2010

De overheidsuitgaven van Noord-Europa bedroeg in de jaren 2010 US$1,0 biljoen per jaar. Het aandeel in de wereld was 7,6%, en 23,6% in Europa.

Het aandeel van de overheidsuitgaven in het BBP van Noord-Europa was 21,0% in de jaren 2010, en was vergelijkbaar met West-Europa (21,0%), Dominica (21,0%), Saint Vincent en de Grenadines (21,1%).

De overheidsuitgaven per hoofd in Noord-Europa was $9.722,2 in de jaren 2010s, en was vergelijkbaar met West-Europa (US$9,6 duizend), Frankrijk (US$9,6 duizend), Zwitserland (US$9,6 duizend). De overheidsuitgaven per hoofd in Noord-Europa was in 5,4 keer hoger dan de overheidsuitgaven per hoofd van de bevolking in de wereld ($1.785,1), en was 70,4% hoger dan de overheidsuitgaven per hoofd van de bevolking in Europa ($1.785,1).

De groei van de overheidsuitgaven in Noord-Europa bedroeg 1.2% in de jaren 2010, en was vergelijkbaar met het Verenigd Koninkrijk (1,2%), Malawi (1,2%). De groei van de overheidsuitgaven in Noord-Europa (1,2%) was minder dan de groei van de overheidsuitgaven in de wereld (2,3%), was groter dan de groei van de overheidsuitgaven in Europa (0,99%).

Vergelijking met subregio's. De overheidsuitgaven van Noord-Europa was 25,9% groter dan in Zuid-Europa (US$794,7 miljard) en 72,6% groter dan in Oost-Europa (US$579,6 miljard); maar 46,5% minder dan in West-Europa (US$1,9 biljoen). De overheidsuitgaven per hoofd in Noord-Europa was in Noord-Europa0,77% groter dan in West-Europa (US$9,6 duizend), 87,1% groter dan in Zuid-Europa (US$5,2 duizend) en 4,9 keer groter dan in Oost-Europa (US$1.969,5). De groei van de overheidsuitgaven in Noord-Europa was groter dan in Oost-Europa (1,1%) en in Zuid-Europa (-0,30%); maar minder dan in West-Europa (1,4%).

Leiders. De overheidsuitgaven van Noord-Europa in de jaren 2010 bestond uit: Verenigd Koninkrijk (54,9%), Zweden (14,0%), Noorwegen (10,0%), Denemarken (8,5%), Finland (6,2%), en andere (6,5%). Het aandeel van de overheidsuitgaven in BBP van de leiders: Zweden (25,8%), Denemarken (25,5%), Finland (23,7%), Noorwegen (22,4%) en Verenigd Koninkrijk (19,8%). De overheidsuitgaven per hoofd in Noord-Europa onder de leiders: Noorwegen ($19.328,1), Denemarken ($15.034,8), Zweden ($14.438,1), Finland ($11.292,9) en Verenigd Koninkrijk ($8.365,9). De groei van de overheidsuitgaven onder de leiders: Noorwegen (1,8%), Zweden (1,3%), Verenigd Koninkrijk (1,2%), Denemarken (0,78%) en Finland (0,62%).

Hoofdstuk XIII. Huishoudelijke uitgaven

Consumptieve bestedingen van de huishoudens

De huishoudelijke uitgaven van Noord-Europa steeg van US$253,1 miljard per jaar in de jaren 1970 tot US$2,7 biljoen per jaar in de jaren 2010, dat wil zeggen met US$2,4 biljoen of 10,6 keer. De verandering vond plaats op US$2,0 biljoen als gevolg van een 3,9-voudige stijging van de prijzen, en ook op US$362,2 miljard als gevolg van een 2,1-voudige toename van het tarief per hoofd , evenals op US$67,3 miljard als gevolg van de toename van de bevolking. De gemiddelde jaarlijkse groei van de huishoudelijke uitgaven is 2,5%. De minimumwaarde van de huishoudelijke uitgaven bedroeg US$132,4 miljard in 1970. De maximumwaarde van de huishoudelijke uitgaven bedroeg US$2,9 biljoen in 2014.

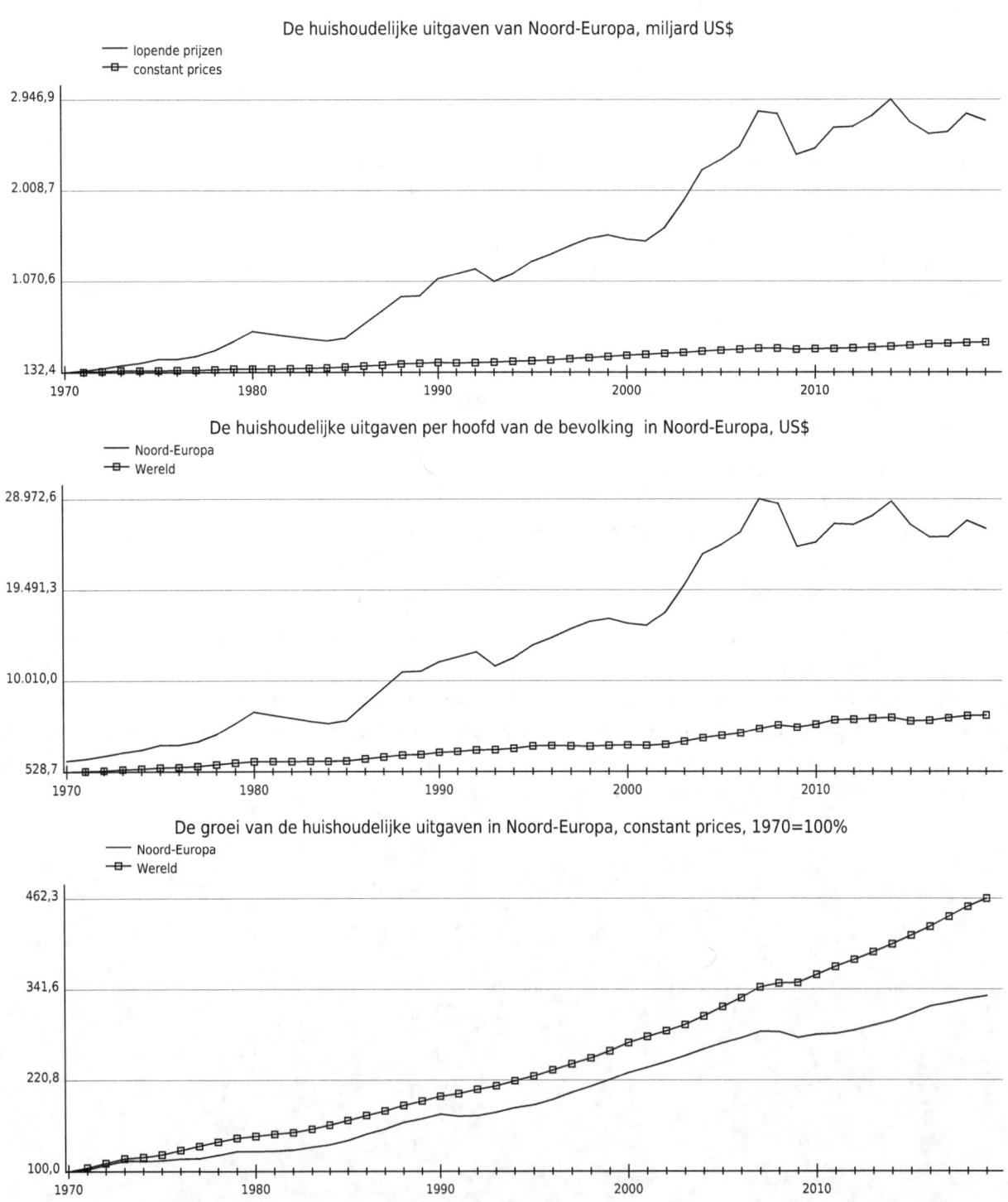

De huishoudelijke uitgaven van Noord-Europa, miljard US$

De huishoudelijke uitgaven per hoofd van de bevolking in Noord-Europa, US$

De groei van de huishoudelijke uitgaven in Noord-Europa, constant prices, 1970=100%

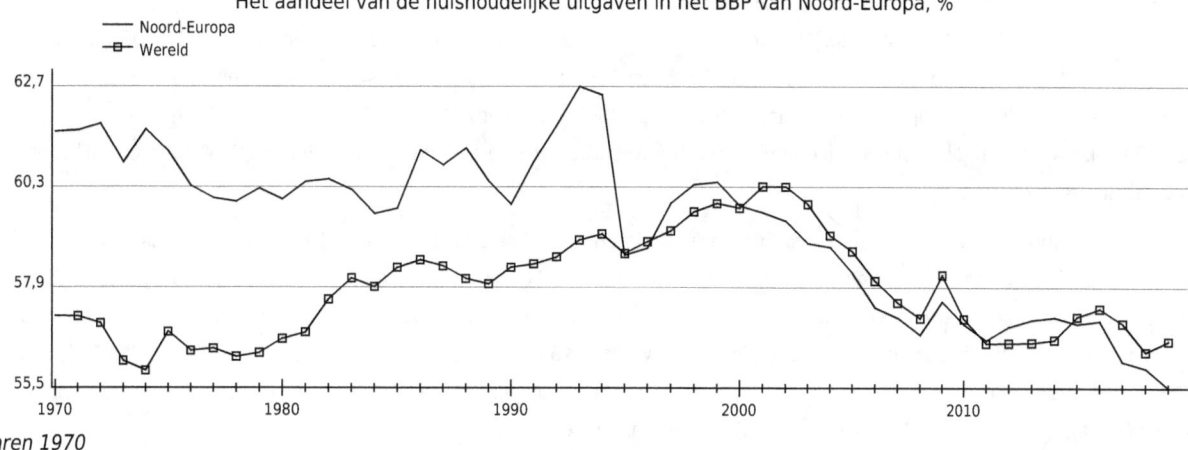

Het aandeel van de huishoudelijke uitgaven in het BBP van Noord-Europa, %

de jaren 1970

De huishoudelijke uitgaven van Noord-Europa bedroeg in de jaren 1970 US$253,1 miljard per jaar. Het aandeel in de wereld was 6,9%, en 17,1% in Europa.

Het aandeel van de huishoudelijke uitgaven in het BBP van Noord-Europa was 60,7% in de jaren 1970, en was vergelijkbaar met Ecuador (60,6%), Paraguay (60,6%), de Verenigde Staten (60,5%).

De huishoudelijke uitgaven per hoofd in Noord-Europa was $3.114,3 in de jaren 1970s, en was vergelijkbaar met de Bahama's (US$3,1 duizend), Oceanië (US$3,0 duizend). De huishoudelijke uitgaven per hoofd in Noord-Europa was in 3,4 keer hoger dan de huishoudelijke uitgaven per hoofd van de bevolking in de wereld ($914,8), en was 52,6% hoger dan de huishoudelijke uitgaven per hoofd van de bevolking in Europa ($914,8).

De groei van de huishoudelijke uitgaven in Noord-Europa bedroeg 2.6% in de jaren 1970. De groei van de huishoudelijke uitgaven in Noord-Europa (2,6%) was minder dan de groei van de huishoudelijke uitgaven in de wereld (4,1%), was minder dan de groei van de huishoudelijke uitgaven in Europa (3,7%).

Vergelijking met subregio's. De huishoudelijke uitgaven van Noord-Europa was groter dan in Zuid-Europa (US$245,1 miljard); maar minder dan in West-Europa (US$602,9 miljard) en in Oost-Europa (US$379,7 miljard). De huishoudelijke uitgaven per hoofd in Noord-Europa was in Noord-Europa groter dan in Zuid-Europa (US$1.848,8) en in Oost-Europa (US$1.111,6); maar minder dan in West-Europa (US$3,5 duizend). De groei van de huishoudelijke uitgaven in Noord-Europa was minder dan in Oost-Europa (5,1%), in Zuid-Europa (4,1%) en in West-Europa (3,6%).

Leiders. De huishoudelijke uitgaven van Noord-Europa in de jaren 1970 bestond uit: Verenigd Koninkrijk (62,9%), Zweden (14,5%), Denemarken (8,3%), Noorwegen (6,1%), Finland (5,4%), en andere (2,8%). Het aandeel van de huishoudelijke uitgaven in BBP van de leiders: Verenigd Koninkrijk (67,5%), Denemarken (54,1%), Finland (53,2%), Noorwegen (50,5%) en Zweden (48,9%). De huishoudelijke uitgaven per hoofd in Noord-Europa onder de leiders: Zweden ($4.472,8), Denemarken ($4.182,0), Noorwegen ($3.854,3), Finland ($2.917,1) en Verenigd Koninkrijk ($2.841,2). De groei van de huishoudelijke uitgaven onder de leiders: Noorwegen (3,8%), Finland (3,3%), Verenigd Koninkrijk (2,5%), Denemarken (2,4%) en Zweden (1,9%).

de jaren 1980

De huishoudelijke uitgaven van Noord-Europa bedroeg in de jaren 1980 US$622,6 miljard per jaar, en was vergelijkbaar met Zuid-Europa (US$609,8 miljard). Het aandeel in de wereld was 7,1%, en 20,3% in Europa.

Het aandeel van de huishoudelijke uitgaven in het BBP van Noord-Europa was 60,5% in de jaren 1980, en was vergelijkbaar met de Cookeilanden (60,3%), Jamaica (60,1%), Zuid-Europa (60,0%).

De huishoudelijke uitgaven per hoofd in Noord-Europa was $7.526,1 in de jaren 1980s, en was vergelijkbaar met Finland (US$7,5 duizend), Groenland (US$7,4 duizend), West-Europa (US$7,4 duizend). De huishoudelijke uitgaven per hoofd in Noord-Europa was in 4,2 keer hoger dan de huishoudelijke uitgaven per hoofd van de bevolking in de wereld ($1.808,0), en was 88,6% hoger dan de huishoudelijke uitgaven per hoofd van de bevolking in Europa ($1.808,0).

De groei van de huishoudelijke uitgaven in Noord-Europa bedroeg 3% in de jaren 1980, en was vergelijkbaar met Bermuda (3,0%), Jamaica (3,0%), Italië (3,0%). De groei van de huishoudelijke uitgaven in Noord-Europa (3,0%) was groter dan de groei van de huishoudelijke uitgaven in de wereld (3,0%), was groter dan de groei van de huishoudelijke uitgaven in Europa (2,3%).

Vergelijking met subregio's. De huishoudelijke uitgaven van Noord-Europa was groter dan in Zuid-Europa (US$609,8 miljard) en in Oost-Europa (US$541,4 miljard); maar minder dan in West-Europa (US$1,3 biljoen). De huishoudelijke uitgaven per hoofd in Noord-Europa was in Noord-Europa groter dan in West-Europa (US$7,4 duizend), in Zuid-Europa (US$4,3 duizend) en in Oost-Europa (US$1.462,8). De groei van de huishoudelijke uitgaven in Noord-Europa was groter dan in Zuid-Europa (2,6%), in Oost-Europa (2,2%) en in West-Europa (1,9%).

Leiders. De huishoudelijke uitgaven van Noord-Europa in de jaren 1980 bestond uit: Verenigd Koninkrijk (66,9%), Zweden (11,6%), Denemarken (6,7%), Finland (5,9%), Noorwegen (5,9%), en andere (3,0%). Het aandeel van de huishoudelijke uitgaven in BBP van de leiders: Verenigd Koninkrijk (66,7%), Denemarken (52,2%), Finland (51,6%), Zweden (48,9%) en Noorwegen (48,5%). De huishoudelijke uitgaven per hoofd in Noord-Europa onder de leiders: Noorwegen ($8.854,8), Zweden ($8.597,2), Denemarken ($8.172,1), Finland ($7.513,4) en Verenigd Koninkrijk ($7.376,3). De groei van de huishoudelijke uitgaven onder de leiders: Finland (3,9%), Verenigd Koninkrijk (3,5%), Noorwegen (1,9%), Zweden (1,7%) en Denemarken (1,1%).

de jaren 1990

De huishoudelijke uitgaven van Noord-Europa bedroeg in de jaren 1990 US$1,3 biljoen per jaar, en was vergelijkbaar met Zuid-Europa (US$1,3 biljoen). Het aandeel in de wereld was 7,6%, en 22,8% in Europa.

Het aandeel van de huishoudelijke uitgaven in het BBP van Noord-Europa was 60,5% in de jaren 1990, en was vergelijkbaar met de Bahama's (60,5%), Cyprus (60,5%), Polen (60,5%).

De huishoudelijke uitgaven per hoofd in Noord-Europa was $13.771,6 in de jaren 1990s, en was vergelijkbaar met de Verenigde Arabische Emiraten (US$14,1 duizend). De huishoudelijke uitgaven per hoofd in Noord-Europa was in 4,6 keer hoger dan de huishoudelijke uitgaven per hoofd van de bevolking in de wereld ($2.963,9), en was 78,8% hoger dan de huishoudelijke uitgaven per hoofd van de bevolking in Europa ($2.963,9).

De groei van de huishoudelijke uitgaven in Noord-Europa bedroeg 2.7% in de jaren 1990, en was vergelijkbaar met Griekenland (2,7%), Bahrein (2,7%). De groei van de huishoudelijke uitgaven in Noord-Europa (2,7%) was minder dan de groei van de huishoudelijke uitgaven in de wereld (3,0%), was groter dan de groei van de huishoudelijke uitgaven in Europa (1,8%).

Vergelijking met subregio's. De huishoudelijke uitgaven van Noord-Europa was groter dan in Oost-Europa (US$409,1 miljard); maar minder dan in West-Europa (US$2,6 biljoen) en in Zuid-Europa (US$1,3 biljoen). De huishoudelijke uitgaven per hoofd in Noord-Europa was in Noord-Europa groter dan in Zuid-Europa (US$8,9 duizend) en in Oost-Europa (US$1.324,5); maar minder dan in West-Europa (US$14,5 duizend). De groei van de huishoudelijke uitgaven in Noord-Europa was groter dan in West-Europa (2,0%), in Zuid-Europa (2,0%) en in Oost-Europa (-2,0%).

Leiders. De huishoudelijke uitgaven van Noord-Europa in de jaren 1990 bestond uit: Verenigd Koninkrijk (69,2%), Zweden (10,0%), Denemarken (6,4%), Noorwegen (5,4%), Finland (5,0%), en andere (4,1%). Het aandeel van de huishoudelijke uitgaven in BBP van de leiders: Verenigd Koninkrijk (66,7%), Finland (51,2%), Denemarken (50,0%), Noorwegen (48,6%) en Zweden (48,6%). De huishoudelijke uitgaven per hoofd in Noord-Europa onder de leiders: Noorwegen ($15.758,6), Denemarken ($15.603,2), Verenigd Koninkrijk ($15.280,6), Zweden ($14.581,1) en Finland ($12.432,6). De groei van de huishoudelijke uitgaven onder de leiders: Noorwegen (3,0%), Verenigd Koninkrijk (2,8%), Denemarken (2,0%), Finland (1,2%) en Zweden (0,96%).

de jaren 2000

De huishoudelijke uitgaven van Noord-Europa bedroeg in de jaren 2000 US$2,2 biljoen per jaar. Het aandeel in de wereld was 7,9%, en 24,7% in Europa.

Het aandeel van de huishoudelijke uitgaven in het BBP van Noord-Europa was 58,1% in de jaren 2000, en was vergelijkbaar met India (58,2%), Spanje (57,9%), Andorra (57,9%).

De huishoudelijke uitgaven per hoofd in Noord-Europa was $22.378,1 in de jaren 2000s, en was vergelijkbaar met Denemarken (US$22,1 duizend). De huishoudelijke uitgaven per hoofd in Noord-Europa was in 5,3 keer hoger dan de huishoudelijke uitgaven per hoofd van de bevolking in de wereld ($4.208,2), en was 88,0% hoger dan de huishoudelijke uitgaven per hoofd van de bevolking in Europa ($4.208,2).

De groei van de huishoudelijke uitgaven in Noord-Europa bedroeg 2.3% in de jaren 2000, en was vergelijkbaar met Hongarije (2,3%),

Monaco (2,3%), Melanesië (2,3%). De groei van de huishoudelijke uitgaven in Noord-Europa (2,3%) was minder dan de groei van de huishoudelijke uitgaven in de wereld (3,0%), was groter dan de groei van de huishoudelijke uitgaven in Europa (2,0%).

Vergelijking met subregio's. De huishoudelijke uitgaven van Noord-Europa was groter dan in Zuid-Europa (US$2,1 biljoen) en in Oost-Europa (US$901,7 miljard); maar minder dan in West-Europa (US$3,6 biljoen). De huishoudelijke uitgaven per hoofd in Noord-Europa was in Noord-Europa groter dan in West-Europa (US$19,2 duizend), in Zuid-Europa (US$13,8 duizend) en in Oost-Europa (US$3,0 duizend). De groei van de huishoudelijke uitgaven in Noord-Europa was groter dan in Zuid-Europa (1,5%) en in West-Europa (1,1%); maar minder dan in Oost-Europa (6,4%).

Leiders. De huishoudelijke uitgaven van Noord-Europa in de jaren 2000 bestond uit: Verenigd Koninkrijk (70,1%), Zweden (8,1%), Noorwegen (5,7%), Denemarken (5,6%), Finland (4,5%), en andere (6,1%). Het aandeel van de huishoudelijke uitgaven in BBP van de leiders: Verenigd Koninkrijk (65,0%), Finland (49,4%), Denemarken (47,5%), Zweden (46,3%) en Noorwegen (41,8%). De huishoudelijke uitgaven per hoofd in Noord-Europa onder de leiders: Noorwegen ($26.484,0), Verenigd Koninkrijk ($24.959,3), Denemarken ($22.066,1), Zweden ($19.190,4) en Finland ($18.596,0). De groei van de huishoudelijke uitgaven onder de leiders: Noorwegen (3,4%), Zweden (2,5%), Finland (2,5%), Verenigd Koninkrijk (2,1%) en Denemarken (1,3%).

de jaren 2010

De huishoudelijke uitgaven van Noord-Europa bedroeg in de jaren 2010 US$2,7 biljoen per jaar. Het aandeel in de wereld was 6,1%, en 23,2% in Europa.

Het aandeel van de huishoudelijke uitgaven in het BBP van Noord-Europa was 56,6% in de jaren 2010, en was vergelijkbaar met de Wereld (56,8%), Australazië (56,8%), Oceanië (56,9%).

De huishoudelijke uitgaven per hoofd in Noord-Europa was $26.193,6 in de jaren 2010s, en was vergelijkbaar met Nieuw-Zeeland (US$26,2 duizend), Zweden (US$25,9 duizend), Oostenrijk (US$25,6 duizend). De huishoudelijke uitgaven per hoofd in Noord-Europa was in 4,4 keer hoger dan de huishoudelijke uitgaven per hoofd van de bevolking in de wereld ($6.018,5), en was 67,8% hoger dan de huishoudelijke uitgaven per hoofd van de bevolking in Europa ($6.018,5).

De groei van de huishoudelijke uitgaven in Noord-Europa bedroeg 1.8% in de jaren 2010. De groei van de huishoudelijke uitgaven in Noord-Europa (1,8%) was minder dan de groei van de huishoudelijke uitgaven in de wereld (2,8%), was groter dan de groei van de huishoudelijke uitgaven in Europa (1,3%).

Vergelijking met subregio's. De huishoudelijke uitgaven van Noord-Europa was 8,3% groter dan in Zuid-Europa (US$2,5 biljoen) en 53,9% groter dan in Oost-Europa (US$1,8 biljoen); maar 42,4% minder dan in West-Europa (US$4,7 biljoen). De huishoudelijke uitgaven per hoofd in Noord-Europa was in Noord-Europa8,5% groter dan in West-Europa (US$24,2 duizend), 61,0% groter dan in Zuid-Europa (US$16,3 duizend) en 4,4 keer groter dan in Oost-Europa (US$6,0 duizend). De groei van de huishoudelijke uitgaven in Noord-Europa was groter dan in West-Europa (1,3%) en in Zuid-Europa (0,15%); maar minder dan in Oost-Europa (2,7%).

Leiders. De huishoudelijke uitgaven van Noord-Europa in de jaren 2010 bestond uit: Verenigd Koninkrijk (66,1%), Zweden (9,3%), Noorwegen (7,0%), Denemarken (5,8%), Finland (5,2%), en andere (6,5%). Het aandeel van de huishoudelijke uitgaven in BBP van de leiders: Verenigd Koninkrijk (64,4%), Finland (53,6%), Denemarken (47,1%), Zweden (46,3%) en Noorwegen (42,3%). De huishoudelijke uitgaven per hoofd in Noord-Europa onder de leiders: Noorwegen ($36.494,9), Denemarken ($27.799,7), Verenigd Koninkrijk ($27.164,8), Zweden ($25.897,8) en Finland ($25.547,4). De groei van de huishoudelijke uitgaven onder de leiders: Noorwegen (2,4%), Zweden (2,3%), Verenigd Koninkrijk (1,8%), Finland (1,4%) en Denemarken (1,4%).

Hoofdstuk XIV. Voedsel consumptie

Tijdens de onderzoeksperiode groeide de voedselconsumptie in specerijen (in 4,1 keer), noten (in 2,5 keer), fruit (met 88,5%), groenten (met 43,6%), plantaardige oliën (met 42,6%), granen (met 24,5%), vis (met 21,6%), vlees (met 19,5%), peulvruchten (met 8,2%), melk (met 5,2%), stimulerende middelen (met 4,6%), maar daalde in zetmeelrijke wortels (met 6,3%), alcoholische dranken (met 11,0%), suiker (met 14,9%), eieren (met 20,3%).

Dit zijn de correlatiecoëfficiënten tussen het bni per hoofd van de bevolking in constante prijzen en de voedselconsumptie: noten (0.992), vlees (0.99), groenten (0.99), fruit (0.989), specerijen (0.988), granen (0.979), vis (0.978), plantaardige oliën (0.913), stimulerende middelen (0.857), melk (0.736), peulvruchten (0.033), zetmeelrijke wortels (-0.303), eieren (-0.716), alcoholische dranken (-0.723), suiker (-0.821).

de jaren 1970

De consumptie van kcal in Noord-Europa was 3.148,6 kcal/hoofd/dag in the 1970s, and was on a par with Duitsland (3.161,8 kcal/hoofd/dag), Finland (3.121,8 kcal/hoofd/dag), het Verenigd Koninkrijk (3.176,4 kcal/hoofd/dag). De consumptie van kcal in Noord-Europa was groter dan in de wereld (2.403,2 kcal/hoofd/dag), en was minder dan in Europa (3.283,8 kcal/hoofd/dag). De structuur van de consumptie: granen (22.1%), suiker (14.3%), vlees (12.6%), melk (11.6%), plantaardige oliën (9.1%), en anderen (30.3%).

De consumptie van eiwitten in Noord-Europa was 90,6 g/hoofd/dag in the 1970s, and was on a par with Spanje (91,1 g/hoofd/dag), Roemenië (91,1 g/hoofd/dag), het Verenigd Koninkrijk (90,1 g/hoofd/dag). De consumptie van eiwitten in Noord-Europa was groter dan in de wereld (65,0 g/hoofd/dag), en was minder dan in Europa (98,6 g/hoofd/dag). De structuur van de consumptie: vlees (24.5%), granen (24.2%), melk (22.9%), vis (6.2%), eieren (4.7%), en anderen (17.5%).

De consumptie van vet in Noord-Europa was 133,7 g/hoofd/dag in the 1970s, and was on a par with Frankrijk (133,3 g/hoofd/dag), Denemarken (132,6 g/hoofd/dag). De consumptie van vet in Noord-Europa was groter dan in de wereld (55,1 g/hoofd/dag), en was groter dan in Europa (109,6 g/hoofd/dag). De structuur van de consumptie: vlees (25%), plantaardige oliën (24.1%), melk (15.7%), eieren (2.8%), granen (2.2%), en anderen (30.2%).

Dit zijn niveaus van voedselconsumptie: melk (249,0 kg/hoofd/jr), alcoholische dranken (110,2 kg/hoofd/jr), zetmeelrijke wortels (96,2 kg/hoofd/jr), granen (94,0 kg/hoofd/jr), vlees (66,8 kg/hoofd/jr), groenten (66,3 kg/hoofd/jr), fruit (63,2 kg/hoofd/jr), suiker (46,3 kg/hoofd/jr), vis (20,6 kg/hoofd/jr), eieren (13,6 kg/hoofd/jr), plantaardige oliën (11,3 kg/hoofd/jr), stimulerende middelen (8,8 kg/hoofd/jr), peulvruchten (2,6 kg/hoofd/jr), noten (1,1 kg/hoofd/jr), specerijen (0,23 kg/hoofd/jr).

de jaren 1980

De consumptie van kcal in Noord-Europa was 3.158,6 kcal/hoofd/dag in the 1980s, and was on a par with het Verenigd Koninkrijk (3.166,6 kcal/hoofd/dag), Zuidwest-Azië (3.180,0 kcal/hoofd/dag), Irak (3.180,3 kcal/hoofd/dag). De consumptie van kcal in Noord-Europa was groter dan in de wereld (2.572,3 kcal/hoofd/dag), en was minder dan in Europa (3.346,9 kcal/hoofd/dag). De structuur van de consumptie: granen (22.4%), suiker (13.1%), vlees (12.8%), melk (11.5%), plantaardige oliën (10.5%), en anderen (29.7%).

De consumptie van eiwitten in Noord-Europa was 93,0 g/hoofd/dag in the 1980s, and was on a par with Japan (92,7 g/hoofd/dag), Denemarken (93,4 g/hoofd/dag). De consumptie van eiwitten in Noord-Europa was groter dan in de wereld (69,1 g/hoofd/dag), en was minder dan in Europa (102,3 g/hoofd/dag). De structuur van de consumptie: vlees (25%), granen (23.8%), melk (22.8%), vis (6.2%), zetmeelrijke wortels (4.6%), en anderen (17.6%).

De consumptie van vet in Noord-Europa was 133,9 g/hoofd/dag in the 1980s, and was on a par with IJsland (133,1 g/hoofd/dag). De consumptie van vet in Noord-Europa was groter dan in de wereld (63,2 g/hoofd/dag), en was groter dan in Europa (119,5 g/hoofd/dag). De structuur van de consumptie: plantaardige oliën (28%), vlees (25.4%), melk (15.5%), eieren (2.5%), granen (2.3%), en anderen (26.3%).

Dit zijn niveaus van voedselconsumptie: melk (256,2 kg/hoofd/jr), alcoholische dranken (113,0 kg/hoofd/jr), zetmeelrijke wortels (99,4 kg/hoofd/jr), granen (93,7 kg/hoofd/jr), groenten (74,8 kg/hoofd/jr), fruit (69,7 kg/hoofd/jr), vlees (69,6 kg/hoofd/jr), suiker (42,5 kg/hoofd/jr), vis (20,9 kg/hoofd/jr), plantaardige oliën (13,2 kg/hoofd/jr), eieren (12,3 kg/hoofd/jr), stimulerende middelen (8,8 kg/hoofd/jr), peulvruchten (3,0 kg/hoofd/jr), noten (1,4 kg/hoofd/jr), specerijen (0,30 kg/hoofd/jr).

de jaren 1990

De consumptie van kcal in Noord-Europa was 3.237,3 kcal/hoofd/dag in the 1990s, and was on a par with de Verenigde Arabische Emiraten (3.235,4 kcal/hoofd/dag), Canada (3.229,3 kcal/hoofd/dag), Malta (3.219,2 kcal/hoofd/dag). De consumptie van kcal in Noord-Europa was groter dan in de wereld (2.652,6 kcal/hoofd/dag), en was groter dan in Europa (3.214,0 kcal/hoofd/dag). De structuur van de consumptie: granen (24.7%), vlees (12.6%), suiker (12.1%), plantaardige oliën (11.8%), melk (10.8%), en anderen (28%).

De consumptie van eiwitten in Noord-Europa was 97,1 g/hoofd/dag in the 1990s, and was on a par with Litouwen (97,1 g/hoofd/dag), Hongkong (97,2 g/hoofd/dag), Nieuw-Zeeland (97,7 g/hoofd/dag). De consumptie van eiwitten in Noord-Europa was groter dan in de wereld (72,1 g/hoofd/dag), en was minder dan in Europa (97,9 g/hoofd/dag). De structuur van de consumptie: granen (25.5%), vlees (25.2%), melk (21.3%), vis (6.5%), zetmeelrijke wortels (4.4%), en anderen (17.1%).

De consumptie van vet in Noord-Europa was 133,3 g/hoofd/dag in the 1990s, and was on a par with Ierland (132,6 g/hoofd/dag), Denemarken (134,0 g/hoofd/dag). De consumptie van vet in Noord-Europa was groter dan in de wereld (69,0 g/hoofd/dag), en was groter dan in Europa (119,3 g/hoofd/dag). De structuur van de consumptie: plantaardige oliën (32.3%), vlees (25.2%), melk (15.2%), granen (2.6%), eieren (2.2%), en anderen (22.5%).

Dit zijn niveaus van voedselconsumptie: melk (246,5 kg/hoofd/jr), alcoholische dranken (111,3 kg/hoofd/jr), granen (103,7 kg/hoofd/jr), zetmeelrijke wortels (100,9 kg/hoofd/jr), groenten (80,4 kg/hoofd/jr), fruit (79,0 kg/hoofd/jr), vlees (72,1 kg/hoofd/jr), suiker (40,6 kg/hoofd/jr), vis (22,8 kg/hoofd/jr), plantaardige oliën (15,2 kg/hoofd/jr), eieren (10,5 kg/hoofd/jr), stimulerende middelen (8,7 kg/hoofd/jr), peulvruchten (4,1 kg/hoofd/jr), noten (1,7 kg/hoofd/jr), specerijen (0,44 kg/hoofd/jr).

de jaren 2000

De consumptie van kcal in Noord-Europa was 3.368,4 kcal/hoofd/dag in the 2000s, and was on a par with Denemarken (3.367,8 kcal/hoofd/dag), Zuid-Europa (3.375,0 kcal/hoofd/dag), Malta (3.361,4 kcal/hoofd/dag). De consumptie van kcal in Noord-Europa was groter dan in de wereld (2.765,9 kcal/hoofd/dag), en was groter dan in Europa (3.316,3 kcal/hoofd/dag). De structuur van de consumptie: granen (26.2%), vlees (12.5%), plantaardige oliën (11.6%), suiker (11.2%), melk (10.6%), en anderen (27.9%).

De consumptie van eiwitten in Noord-Europa was 104,1 g/hoofd/dag in the 2000s, and was on a par with Canada (104,3 g/hoofd/dag), West-Europa (104,5 g/hoofd/dag), Australië (104,6 g/hoofd/dag). De consumptie van eiwitten in Noord-Europa was groter dan in de wereld (76,5 g/hoofd/dag), en was groter dan in Europa (100,0 g/hoofd/dag). De structuur van de consumptie: vlees (26.4%), granen (26.2%), melk (20.5%), vis (6.7%), zetmeelrijke wortels (4.1%), en anderen (16.1%).

De consumptie van vet in Noord-Europa was 134,4 g/hoofd/dag in the 2000s, and was on a par with Australazië (133,6 g/hoofd/dag), Hongarije (135,6 g/hoofd/dag), Hongkong (135,6 g/hoofd/dag). De consumptie van vet in Noord-Europa was groter dan in de wereld (76,9 g/hoofd/dag), en was groter dan in Europa (123,9 g/hoofd/dag). De structuur van de consumptie: plantaardige oliën (32.9%), vlees (25%), melk (15.7%), granen (2.9%), eieren (2.2%), en anderen (21.3%).

Dit zijn niveaus van voedselconsumptie: melk (259,9 kg/hoofd/jr), granen (115,3 kg/hoofd/jr), fruit (111,9 kg/hoofd/jr), alcoholische dranken (110,7 kg/hoofd/jr), zetmeelrijke wortels (102,5 kg/hoofd/jr), groenten (88,9 kg/hoofd/jr), vlees (78,9 kg/hoofd/jr), suiker (39,9 kg/hoofd/jr), vis (24,9 kg/hoofd/jr), plantaardige oliën (15,7 kg/hoofd/jr), eieren (10,6 kg/hoofd/jr), stimulerende middelen (9,0 kg/hoofd/jr), peulvruchten (3,1 kg/hoofd/jr), noten (2,6 kg/hoofd/jr), specerijen (0,68 kg/hoofd/jr).

de jaren 2010

De consumptie van kcal in Noord-Europa was 3.384,3 kcal/hoofd/dag in the 2010s, and was on a par with Litouwen (3.387,3 kcal/hoofd/dag), Malta (3.380,0 kcal/hoofd/dag), IJsland (3.366,3 kcal/hoofd/dag). De consumptie van kcal in Noord-Europa was groter dan in de wereld (2.869,3 kcal/hoofd/dag), en was groter dan in Europa (3.363,0 kcal/hoofd/dag). De structuur van de consumptie: granen (26.9%), vlees (12.5%), plantaardige oliën (11.8%), suiker (11.1%), melk (10.4%), en anderen (27.3%).

De consumptie van eiwitten in Noord-Europa was 105,3 g/hoofd/dag in the 2010s, and was on a par with West-Europa (105,5 g/hoofd/dag), Australië (105,1 g/hoofd/dag), Zuid-Europa (105,1 g/hoofd/dag). De consumptie van eiwitten in Noord-Europa was groter dan in de wereld (80,6 g/hoofd/dag), en was groter dan in Europa (102,1 g/hoofd/dag). De structuur van de consumptie: vlees (26.9%), granen (26.5%), melk (20.3%), vis (6.7%), zetmeelrijke wortels (3.5%), en anderen (16.1%).

De consumptie van vet in Noord-Europa was 135,9 g/hoofd/dag in the 2010s, and was on a par with Hongarije (135,8 g/hoofd/dag), Tsjechië (136,3 g/hoofd/dag), Hongkong (136,3 g/hoofd/dag). De consumptie van vet in Noord-Europa was groter dan in de wereld (82,4 g/hoofd/dag), en was groter dan in Europa (128,7 g/hoofd/dag). De structuur van de consumptie: plantaardige oliën (33.2%), vlees (24.6%), melk (15.4%), granen (3.2%), stimulerende middelen (2.4%), en anderen (21.2%).

Dit zijn niveaus van voedselconsumptie: melk (262,0 kg/hoofd/jr), fruit (119,2 kg/hoofd/jr), granen (117,0 kg/hoofd/jr), alcoholische dranken (99,3 kg/hoofd/jr), groenten (95,1 kg/hoofd/jr), zetmeelrijke wortels (90,5 kg/hoofd/jr), vlees (79,8 kg/hoofd/jr), suiker (40,3 kg/hoofd/jr), vis (25,0 kg/hoofd/jr), plantaardige oliën (16,1 kg/hoofd/jr), eieren (11,3 kg/hoofd/jr), stimulerende middelen (9,2 kg/hoofd/jr), peulvruchten (2,8 kg/hoofd/jr), noten (2,7 kg/hoofd/jr), specerijen (0,95 kg/hoofd/jr).

Part V. Reproductie

Index van Koesjnir, (-) consumptie - (+) reproductie

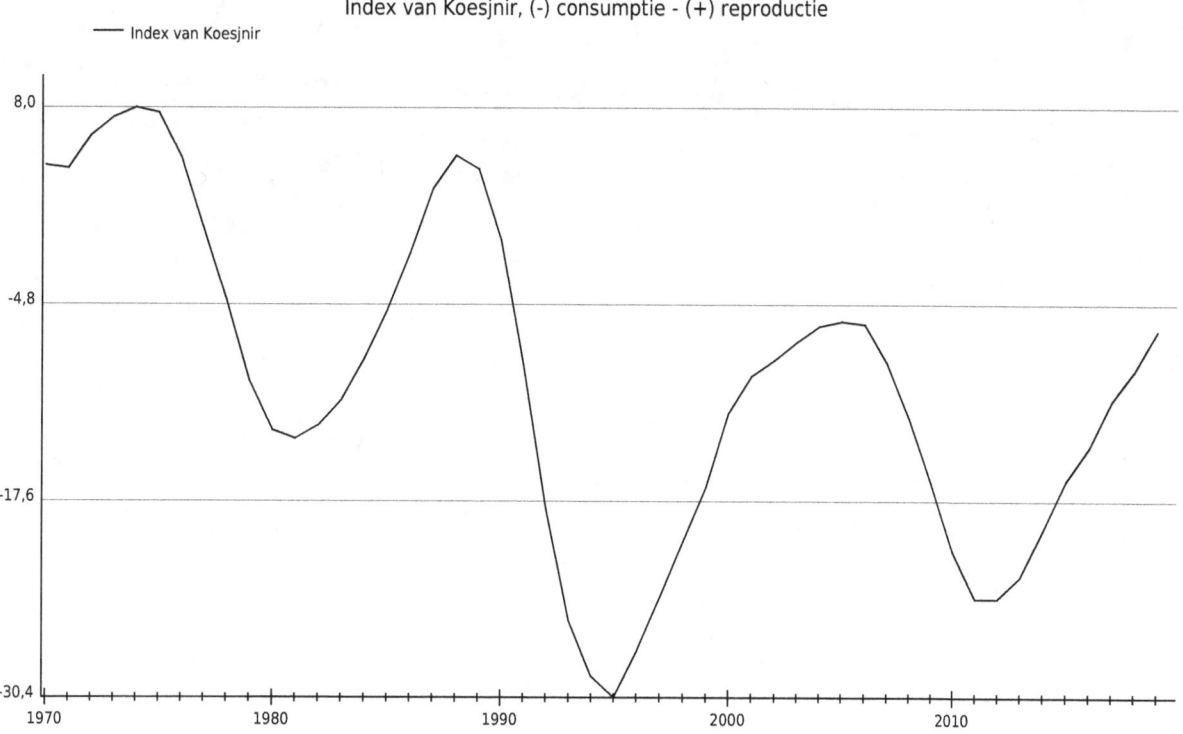

Hoofdstuk XV. Bruto-investeringen in vaste activa

De bruto-investeringen in vaste activa van Noord-Europa steeg van US$106,6 miljard per jaar in de jaren 1970 tot US$933,7 miljard per jaar in de jaren 2010, dat wil zeggen met US$827,1 miljard of 8,8 keer. De verandering vond plaats op US$664,7 miljard als gevolg van een 3,5-voudige stijging van de prijzen, en ook op US$134,1 miljard als gevolg van een 2,0-voudige toename van het tarief per hoofd , evenals op US$28,4 miljard als gevolg van de toename van de bevolking. De gemiddelde jaarlijkse groei van de investeringen in vaste activa is 2,5%. De minimumwaarde van de investeringen in vaste activa bedroeg US$53,7 miljard in 1970. De maximumwaarde van de investeringen in vaste activa bedroeg US$1,1 biljoen in 2019.

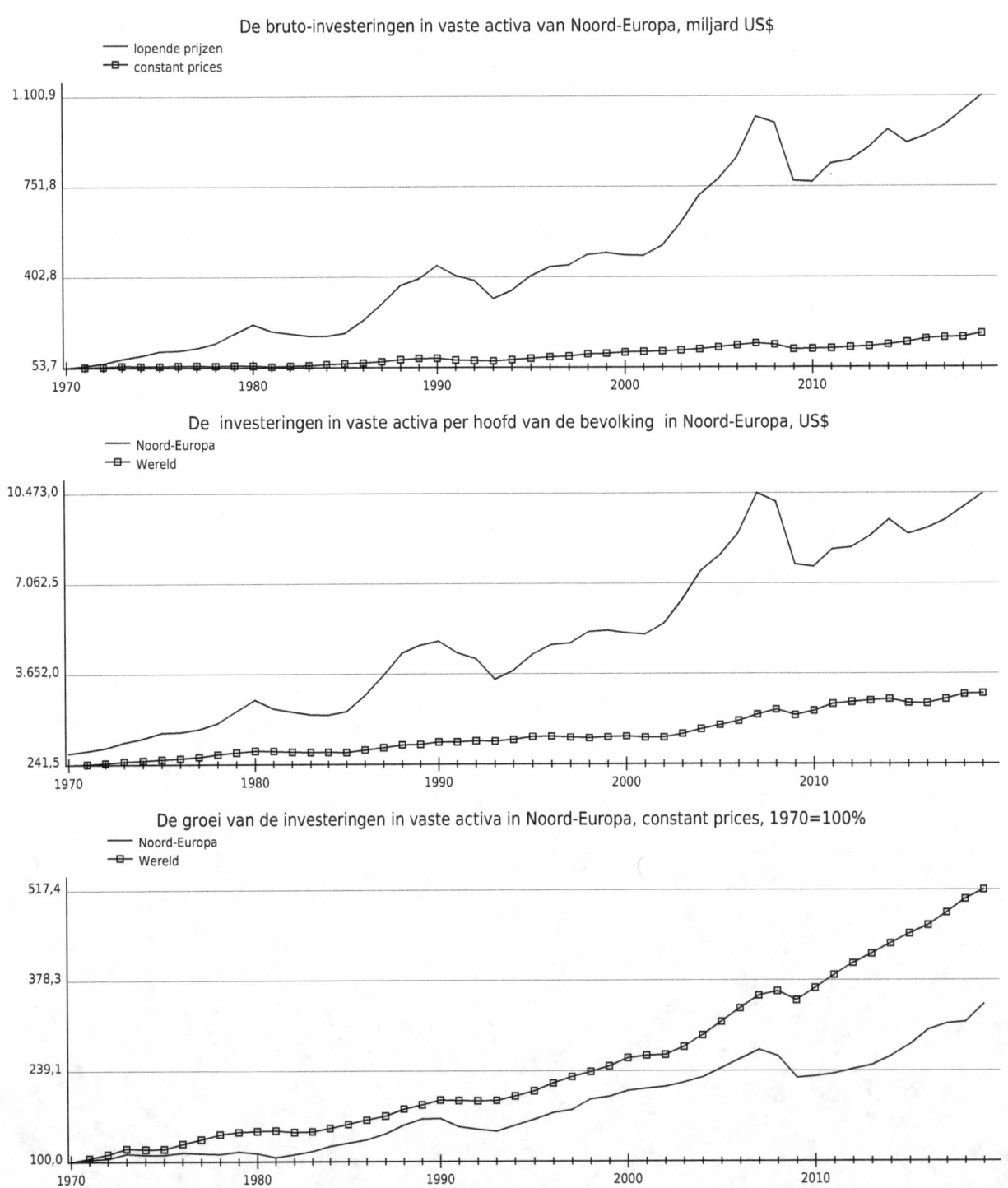

De bruto-investeringen in vaste activa van Noord-Europa, miljard US$

De investeringen in vaste activa per hoofd van de bevolking in Noord-Europa, US$

De groei van de investeringen in vaste activa in Noord-Europa, constant prices, 1970=100%

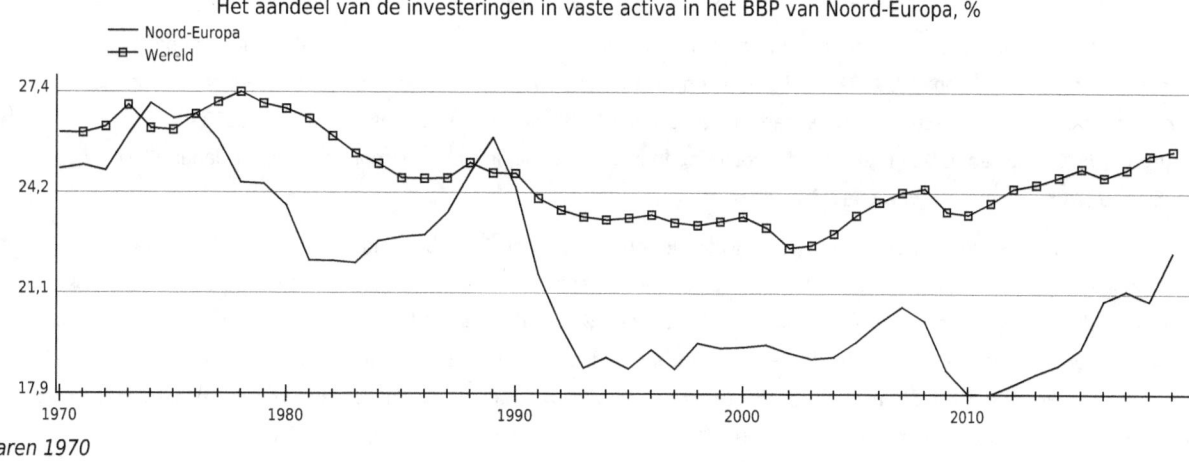

Het aandeel van de investeringen in vaste activa in het BBP van Noord-Europa, %

— Noord-Europa
-◻- Wereld

de jaren 1970

De investeringen in vaste activa van Noord-Europa bedroeg in de jaren 1970 US$106,6 miljard per jaar, en was vergelijkbaar met Zuid-Europa (US$106,4 miljard). Het aandeel in de wereld was 6,1%, en 14,4% in Europa.

Het aandeel van de investeringen in vaste activa in het BBP van Noord-Europa was 25,6% in de jaren 1970, en was vergelijkbaar met Ierland (25,6%), West-Europa (25,7%), België (25,7%).

De investeringen in vaste activa per hoofd in Noord-Europa was $1.311,5 in de jaren 1970s, en was vergelijkbaar met Gabon (US$1.293,0), de Bahama's (US$1.280,0). De investeringen in vaste activa per hoofd in Noord-Europa was in 3,0 keer hoger dan de investeringen in vaste activa per hoofd van de bevolking in de wereld ($433,5), en was 28,8% hoger dan de investeringen in vaste activa per hoofd van de bevolking in Europa ($433,5).

De groei van de investeringen in vaste activa in Noord-Europa bedroeg 1.6% in de jaren 1970. De groei van de investeringen in vaste activa in Noord-Europa (1,6%) was minder dan de groei van de investeringen in vaste activa in de wereld (4,2%), was minder dan de groei van de investeringen in vaste activa in Europa (2,4%).

Vergelijking met subregio's. De investeringen in vaste activa van Noord-Europa was groter dan in Zuid-Europa (US$106,4 miljard); maar minder dan in West-Europa (US$277,6 miljard) en in Oost-Europa (US$248,0 miljard). De investeringen in vaste activa per hoofd in Noord-Europa was in Noord-Europa groter dan in Zuid-Europa (US$802,3) en in Oost-Europa (US$725,9); maar minder dan in West-Europa (US$1.633,0). De groei van de investeringen in vaste activa in Noord-Europa was minder dan in Oost-Europa (3,7%), in Zuid-Europa (2,8%) en in West-Europa (1,7%).

Leiders. De bruto-investeringen in vaste activa van Noord-Europa in de jaren 1970 bestond uit: Verenigd Koninkrijk (53,6%), Zweden (18,6%), Noorwegen (9,4%), Denemarken (8,7%), Finland (6,9%), en andere (2,7%). Het aandeel van de investeringen in vaste activa in BBP van de leiders: Noorwegen (32,7%), Finland (28,7%), Zweden (26,5%), Verenigd Koninkrijk (24,2%) en Denemarken (23,9%). De investeringen in vaste activa per hoofd in Noord-Europa onder de leiders: Noorwegen ($2.499,8), Zweden ($2.422,6), Denemarken ($1.849,5), Finland ($1.572,7) en Verenigd Koninkrijk ($1.020,2). De groei van de investeringen in vaste activa onder de leiders: Noorwegen (4,7%), Denemarken (1,7%), Finland (1,3%), Verenigd Koninkrijk (1,1%) en Zweden (0,28%).

de jaren 1980

De bruto-investeringen in vaste activa van Noord-Europa bedroeg in de jaren 1980 US$242,8 miljard per jaar, en was vergelijkbaar met Duitsland (US$238,1 miljard). Het aandeel in de wereld was 6,4%, en 18,1% in Europa.

Het aandeel van de investeringen in vaste activa in het BBP van Noord-Europa was 23,6% in de jaren 1980, en was vergelijkbaar met West-Europa (23,6%), Nieuw-Zeeland (23,7%), Zuidelijk Afrika (23,7%).

De investeringen in vaste activa per hoofd in Noord-Europa was $2.934,8 in de jaren 1980s, en was vergelijkbaar met Frankrijk (US$2,9 duizend), de Nederland (US$3,0 duizend). De investeringen in vaste activa per hoofd in Noord-Europa was in 3,7 keer hoger dan de investeringen in vaste activa per hoofd van de bevolking in de wereld ($790,9), en was 67,9% hoger dan de investeringen in vaste activa per hoofd van de bevolking in Europa ($790,9).

De groei van de investeringen in vaste activa in Noord-Europa bedroeg 3.7% in de jaren 1980, en was vergelijkbaar met Burkina Faso (3,6%), de Seychellen (3,7%). De groei van de investeringen in vaste activa in Noord-Europa (3,7%) was groter dan de groei van de investeringen in vaste activa in de wereld (2,5%), was groter dan de groei van de investeringen in vaste activa in Europa (2,2%).

Vergelijking met subregio's. De investeringen in vaste activa van Noord-Europa was groter dan in Zuid-Europa (US$235,2 miljard); maar minder dan in West-Europa (US$537,0 miljard) en in Oost-Europa (US$327,0 miljard). De investeringen in vaste activa per hoofd in Noord-Europa was in Noord-Europa groter dan in Zuid-Europa (US$1.664,7) en in Oost-Europa (US$883,4); maar minder dan in West-Europa (US$3,1 duizend). De groei van de investeringen in vaste activa in Noord-Europa was groter dan in West-Europa (2,1%), in Zuid-Europa (2,0%) en in Oost-Europa (1,5%).

Leiders. De bruto-investeringen in vaste activa van Noord-Europa in de jaren 1980 bestond uit: Verenigd Koninkrijk (57,9%), Zweden (15,7%), Noorwegen (8,8%), Finland (8,1%), Denemarken (6,8%), en andere (2,7%). Het aandeel van de investeringen in vaste activa in BBP van de leiders: Noorwegen (28,2%), Finland (27,7%), Zweden (25,9%), Verenigd Koninkrijk (22,5%) en Denemarken (20,5%). De bruto-investeringen in vaste activa per hoofd in Noord-Europa onder de leiders: Noorwegen ($5.144,2), Zweden ($4.555,9), Finland ($4.034,0), Denemarken ($3.208,8) en Verenigd Koninkrijk ($2.490,3). De groei van de investeringen in vaste activa onder de leiders: Finland (5,7%), Zweden (4,4%), Verenigd Koninkrijk (4,1%), Denemarken (2,3%) en Noorwegen (0,79%).

de jaren 1990

De bruto-investeringen in vaste activa van Noord-Europa bedroeg in de jaren 1990 US$419,7 miljard per jaar. Het aandeel in de wereld was 6,2%, en 19,5% in Europa.

Het aandeel van de investeringen in vaste activa in het BBP van Noord-Europa was 19,8% in de jaren 1990, en was vergelijkbaar met Ierland (19,8%), Polen (19,9%), Costa Rica (19,9%).

De bruto-investeringen in vaste activa per hoofd in Noord-Europa was $4.520,9 in de jaren 1990s. De investeringen in vaste activa per hoofd in Noord-Europa was in 3,8 keer hoger dan de investeringen in vaste activa per hoofd van de bevolking in de wereld ($1.183,8), en was 52,9% hoger dan de investeringen in vaste activa per hoofd van de bevolking in Europa ($1.183,8).

De groei van de investeringen in vaste activa in Noord-Europa bedroeg 1.9% in de jaren 1990. De groei van de investeringen in vaste activa in Noord-Europa (1,9%) was minder dan de groei van de investeringen in vaste activa in de wereld (2,8%), was groter dan de groei van de investeringen in vaste activa in Europa (0,024%).

Vergelijking met subregio's. De investeringen in vaste activa van Noord-Europa was groter dan in Oost-Europa (US$181,8 miljard); maar minder dan in West-Europa (US$1,1 biljoen) en in Zuid-Europa (US$448,4 miljard). De investeringen in vaste activa per hoofd in Noord-Europa was in Noord-Europa groter dan in Zuid-Europa (US$3,1 duizend) en in Oost-Europa (US$588,6); maar minder dan in West-Europa (US$6,1 duizend). De groei van de investeringen in vaste activa in Noord-Europa was groter dan in Oost-Europa (-10,5%); maar minder dan in West-Europa (2,2%) en in Zuid-Europa (2,1%).

Leiders. De bruto-investeringen in vaste activa van Noord-Europa in de jaren 1990 bestond uit: Verenigd Koninkrijk (59,6%), Zweden (13,8%), Denemarken (7,8%), Noorwegen (7,6%), Finland (6,6%), en andere (4,6%). Het aandeel van de investeringen in vaste activa in BBP van de leiders: Noorwegen (22,6%), Finland (22,4%), Zweden (22,0%), Denemarken (20,0%) en Verenigd Koninkrijk (18,8%). De investeringen in vaste activa per hoofd in Noord-Europa onder de leiders: Noorwegen ($7.337,7), Zweden ($6.606,1), Denemarken ($6.229,1), Finland ($5.433,0) en Verenigd Koninkrijk ($4.319,1). De groei van de investeringen in vaste activa onder de leiders: Denemarken (3,3%), Noorwegen (3,0%), Verenigd Koninkrijk (1,7%), Finland (-0,32%) en Zweden (-0,38%).

de jaren 2000

De bruto-investeringen in vaste activa van Noord-Europa bedroeg in de jaren 2000 US$726,5 miljard per jaar. Het aandeel in de wereld was 6,6%, en 21,7% in Europa.

Het aandeel van de investeringen in vaste activa in het BBP van Noord-Europa was 19,6% in de jaren 2000, en was vergelijkbaar met Israël (19,6%), Syrië (19,7%), Peru (19,4%).

De bruto-investeringen in vaste activa per hoofd in Noord-Europa was $7.553,0 in de jaren 2000s, en was vergelijkbaar met Canada (US$7,5 duizend), de Turks- en Caicoseilanden (US$7,5 duizend), Anguilla (US$7,5 duizend). De bruto-investeringen in vaste activa per hoofd in Noord-Europa was in 4,5 keer hoger dan de investeringen in vaste activa per hoofd van de bevolking in de wereld ($1.690,7), en was 64,5% hoger dan de investeringen in vaste activa per hoofd van de bevolking in Europa ($1.690,7).

De groei van de investeringen in vaste activa in Noord-Europa bedroeg 1.4% in de jaren 2000, en was vergelijkbaar met Slowakije (1,4%). De groei van de investeringen in vaste activa in Noord-Europa (1,4%) was minder dan de groei van de investeringen in vaste activa in de wereld (3,5%), was minder dan de groei van de investeringen in vaste activa in Europa (1,6%).

Vergelijking met subregio's. De bruto-investeringen in vaste activa van Noord-Europa was groter dan in Oost-Europa (US$382,8 miljard); maar minder dan in West-Europa (US$1,4 biljoen) en in Zuid-Europa (US$809,6 miljard). De bruto-investeringen in vaste activa per hoofd in Noord-Europa was in Noord-Europa groter dan in Zuid-Europa (US$5,4 duizend) en in Oost-Europa (US$1.281,6); maar minder dan in West-Europa (US$7,7 duizend). De groei van de investeringen in vaste activa in Noord-Europa was groter dan in Zuid-Europa (1,2%) en in West-Europa (0,65%); maar minder dan in Oost-Europa (7,2%).

Leiders. De investeringen in vaste activa van Noord-Europa in de jaren 2000 bestond uit: Verenigd Koninkrijk (56,1%), Zweden (11,8%), Noorwegen (8,6%), Denemarken (7,6%), Ierland (6,9%), en andere (9,0%). Het aandeel van de investeringen in vaste activa in BBP van de leiders: Ierland (26,2%), Zweden (22,9%), Denemarken (21,9%), Noorwegen (21,3%) en Verenigd Koninkrijk (17,5%). De bruto-investeringen in vaste activa per hoofd in Noord-Europa onder de leiders: Noorwegen ($13.495,8), Ierland ($12.233,6), Denemarken ($10.159,0), Zweden ($9.505,7) en Verenigd Koninkrijk ($6.738,4). De groei van de investeringen in vaste activa onder de leiders: Noorwegen (3,2%), Ierland (2,5%), Zweden (2,3%), Denemarken (1,3%) en Verenigd Koninkrijk (0,66%).

de jaren 2010

De investeringen in vaste activa van Noord-Europa bedroeg in de jaren 2010 US$933,7 miljard per jaar, en was vergelijkbaar met Zuid-Azië (US$937,8 miljard). Het aandeel in de wereld was 4,9%, en 21,7% in Europa.

Het aandeel van de investeringen in vaste activa in het BBP van Noord-Europa was 19,6% in de jaren 2010, en was vergelijkbaar met Zuid-Amerika (19,5%), de Nederland (19,8%), Frans-Polynesië (19,4%).

De bruto-investeringen in vaste activa per hoofd in Noord-Europa was $9.074,6 in de jaren 2010s, en was vergelijkbaar met Frankrijk (US$9,0 duizend), Nieuw-Zeeland (US$9,0 duizend), Duitsland (US$9,2 duizend). De investeringen in vaste activa per hoofd in Noord-Europa was in 3,5 keer hoger dan de investeringen in vaste activa per hoofd van de bevolking in de wereld ($2.621,1), en was 57,1% hoger dan de investeringen in vaste activa per hoofd van de bevolking in Europa ($2.621,1).

De groei van de investeringen in vaste activa in Noord-Europa bedroeg 4.1% in de jaren 2010, en was vergelijkbaar met de Wereld (4,1%), Chili (4,1%). De groei van de investeringen in vaste activa in Noord-Europa (4,1%) was groter dan de groei van de investeringen in vaste activa in de wereld (4,1%), was groter dan de groei van de investeringen in vaste activa in Europa (2,2%).

Vergelijking met subregio's. De investeringen in vaste activa van Noord-Europa was 26,2% groter dan in Zuid-Europa (US$739,6 miljard) en 34,5% groter dan in Oost-Europa (US$694,0 miljard); maar 2,1 keer minder dan in West-Europa (US$1,9 biljoen). De bruto-investeringen in vaste activa per hoofd in Noord-Europa was in Noord-Europa87,7% groter dan in Zuid-Europa (US$4,8 duizend) en 3,8 keer groter dan in Oost-Europa (US$2,4 duizend); maar 8,8% minder dan in West-Europa (US$10,0 duizend). De groei van de investeringen in vaste activa in Noord-Europa was groter dan in West-Europa (2,4%), in Oost-Europa (2,2%) en in Zuid-Europa (-0,63%).

Leiders. De bruto-investeringen in vaste activa van Noord-Europa in de jaren 2010 bestond uit: Verenigd Koninkrijk (50,1%), Zweden (13,8%), Noorwegen (11,2%), Ierland (8,6%), Denemarken (7,2%), en andere (9,1%). Het aandeel van de investeringen in vaste activa in BBP van de leiders: Ierland (27,7%), Zweden (23,7%), Noorwegen (23,5%), Denemarken (20,1%) en Verenigd Koninkrijk (16,9%). De investeringen in vaste activa per hoofd in Noord-Europa onder de leiders: Noorwegen ($20.298,1), Ierland ($17.137,7), Zweden ($13.243,6), Denemarken ($11.859,6) en Verenigd Koninkrijk ($7.138,3). De groei van de investeringen in vaste activa onder de leiders: Ierland (15,3%), Zweden (3,4%), Verenigd Koninkrijk (3,0%), Denemarken (2,8%) en Noorwegen (2,5%).